POLYGLOTT on tour

Stuttgart und Schwäbische Alb

Die Autoren

Monika Zeller

Die gebürtige Berlinerin lebt und arbeitet seit vielen Jahren in Esslingen. Als freie Journalistin für Reise und Tourismuswirtschaft kennt sie zwar mehr als die halbe Welt, schreibt aber gern über deutsche Ziele – besonders, wenn sie vor den Toren ihrer Wahlheimat liegen.

Gerd Dörr

Der Fachjournalist für Reise und Tourismus ist Autor einer Reihe von Reisebüchern und Bildbänden. Er war lange Zeit Ressortleiter für den Reiseteil einer Tageszeitung und gilt heute als Spezialist für Gesundheitstourismus. Gemeinsam mit Monika Zeller betreibt er ein Redaktionsbüro in Esslingen.

POLYGLOTT Top 12 .... Umschlag vorne

Reiseplanung

Die Reiseregion im Überblick 08
Die schönsten Touren 10
Die Schwäbische Alb in vier Tagen 10
Neresheim › Heidenheim an der Brenz › Geislingen an der Steige › Wiesensteig › Bad Urach › Münsingen › Marbach › Schloss Lichtenstein › Sonnenbühl › Albstadt › Sigmaringen
Drei Kulturstädte im Herzen des Landes 12
Stuttgart › Esslingen › Tübingen
Zu Fuß über den Panoramaweg Schwäbische Alb 13
Donauwörth › Nördlingen › Aalen › Schwäbisch Gmünd › Gingen/Fils › Wiesensteig › Burg Teck › Ruine Hohenneuffen › Bad Urach › Schloss Lichtenstein › Nebelhöhle › Albstadt-Laufen › Lemberg › Klippeneck › Tuttlingen
Touren in der Region – Übersicht 14
Klima und Reisezeit 15
Anreise 16
Reisen in der Region 16
Special **Kinder**
Unterwegs mit Kindern 17
Sport und Aktivitäten 20
Unterkunft 25

Land & Leute

Steckbrief Stuttgart und die Schwäbische Alb 28
Lage][Politik und Verwaltung][Wirtschaft
Geschichte im Überblick 30
Natur und Umwelt 32
UNESCO-Geopark Schwäbische Alb
Kunst und Kultur 34
Architektur][Malerei und Plastik][Literatur][Konzert, Oper, Musical
Feste und Veranstaltungen 39
Festkalender
Essen und Trinken 42

Das System der POLYGLOTT Sterne

Auf Ihrer Reise weisen Ihnen die Polyglott-Sterne den Weg zu den bedeutendsten Sehenswürdigkeiten aus Natur und Kultur. Für die Vergabe orientieren sich Autoren und Redaktion am UNESCO-Welterbe.

*** eine Reise wert ** einen Umweg wert * sehr sehenswert

*** Limes S. 132
** Kunstmuseum (Stuttgart) S. 55, 68
** Staatsgalerie (Stuttgart) S. 56, 67
** Weißenhofsiedlung (Stuttgart) S. 61, 71
** Wilhelma (Stuttgart) S. 64
** Mercedes-Benz-Museum (Stuttgart) S. 66, 72
** Residenzschloss (Ludwigsburg) S. 78
** Altes Rathaus (Esslingen) S. 84
** Schwäbisch Gmünd S. 87
** Heilig-Kreuz-Münster (Schwäbisch Gmünd) S. 87
** Urweltmuseum Hauff (Holzmaden) S. 93
** Tübingen S. 102
** Europäisches Kulturdenkmal Heuneburg S. 111
** Schloss Sigmaringen S. 112
** Donaudurchbruch S. 113
** Burg Hohenzollern S. 118
** Münster (Ulm) S. 121
** Blautopf (Blaubeuren) S. 126
** Kloster Neresheim S. 136
* Schlossplatz (Stuttgart) S. 54
* Neues Schloss (Stuttgart) S. 54
* Altes Schloss (Stuttgart) S. 54
* Rathaus (Ulm) S. 122
* Fischer- und Gerberviertel (Ulm) S. 123
* Benediktinerabtei Ulm-Wiblingen S. 125
* Klosterkirche Obermarchtal S. 129
* Heidenheim an der Brenz S. 130
* Wallfahrtskirche Schönenberg S. 134
* Burg Katzenstein S. 137
sowie weitere *-Sehenswürdigkeiten

Unsere Preissymbole bedeuten:

Hotel (DZ)		Restaurant (Hauptgericht)	
●●●	über 100 €	●●●	ab 20 €
●●	50 bis 100 €	●●	10 bis 20 €
●	unter 50 €	●	unter 10 €

Wechselkurs:

1 €	1,46 CHF	1 CHF	0,68 €

10 Burg lohenzollern Seite 118

ie Stammburg des Zollerngeschlechts usste schon so manche Erschütterung rleben, denn hier zieht sich der erdbeben-efährdete Zollerngraben entlang. Doch die chäden, die das letzte größere Beben 1978 nrichtete, sind längst behoben, und das ürme- und zinnenreiche Märchenschloss ehört zu den meist besuchten Sehens-vürdigkeiten der Alb.

11 Ulmer Münster Seite 121

eit Jahrhunderten prägt die himmelstre-ende Silhouette des Ulmer Münsters die tadt – schließlich ist der Turm mit stolzen 61,53 m der höchste Kirchturm der Welt. Ver sich zutraut, die 768 Stufen bis auf 41 m zur obersten Aussichtsplattform hin-ufzusteigen, hat einen prächtigen Rund-lick auf das baden-württembergische Ulm nd das bayerische Neu-Ulm. Bei klarem Vetter hat man eine herrliche Fernsicht bis ur Alpenkette.

12 Kloster leresheim Seite 136

der waldreichen Hügellandschaft des ärtsfelds erblickt man schon von weitem e mächtige Benediktinerabtei Neresheim uf dem Ulrichsberg. Die Abteikirche zeigt arock in seiner schönsten Vollendung. Für e Kuppelfresken sollte man ein Fernglas itnehmen, um die wunderbaren Details zu ıtdecken, z.B. einen Monokel tragenden arisäer in der Tempelreinigung.

7 Marktplatz Tübingen

Seite 104

Als Tübingens gute Stube präsentiert sich der dreieckige Marktplatz, umrahmt von schönen Fachwerkhäusern und dem prachtvollen Rathaus mit dem Neptunsbrunnen. Besonders schön ist die mit Sgrafitto-Malerei geschmückte Rathausfassade mit einer kunstvollen astronomischen Uhr und Glockenspiel im Giebel.

8 Bären- und Nebelhöhle

Seite 109

Ein riesiges Höhlensystem durchzieht die Schwäbische Alb. Zu den schönsten Schauhöhlen zählen die Bären- und die Nebelhöhle bei der Gemeinde Sonnenbühl. In der Bärenhöhle mit ihren fantastisch geformten Tropfsteingebilden in den hohen Hallen wurden bis zu 20000 Jahre alte Bärenskelette gefunden. Die prachtvolle Nebelhöhle bietet auf 380 m den Besuchern in Grotten, Gängen und Domen ein faszinierendes Naturschauspiel aus Stalaktiten, Stalagmiten und steinernen Schleiern.

9 Donaudurchbruch

Seite 113

Zwischen Tuttlingen und Sigmaringen durchschneidet die Donau in einem der wohl schönsten Flusstäler Europas die Schwäbische Alb. Über 200 m tief ist stellenweise die von alpin anmutenden Felswänden flankierte Schlucht. An den schroffen Hängen kleben Burgen und Ruinen, in einer Talweitung gründeten Mönche vor 950 Jahren Kloster Beuron, dessen prachtvolle Barockkirche viele Besucher anzieht.

Herrenberg, die Metropole im Gäu

Herrenberg liegt im Herzen des Gäus, der Landschaft zwischen Schwarzwald und Stuttgart.
Die lückenlos erhaltenen historischen Gebäude erzeugen ein besonderes Flair, dass die alte Pfalzgrafen- und Oberamtsstadt auszeichnet.
Ein Rundgang mit Schautafeln sowie ein Fachwerkpfad führen durch die Stadt.

1983 wurde die Altstadt als Gesamtanlage unter Denkmalschutz gestellt. Herrenberg gilt bei Touristen, Denkmalschützern und Historikern zu Recht als Vorzeigeobjekt früherer Städtebaukunst.
Eine große Fußgängerzone mit zahlreichen Einkaufsmöglichkeiten sorgt für Leben in der Stadt. Die gastronomische Palette ist reichhaltig.

Das Stadtbild wird von der 700 Jahre alten **Stiftskirche** beherrscht und beinhaltet ein in seiner Art einzigartiges **Glockenmuseum** mit 36 läutbaren Glocken.

Der **Naturpark Schönbuch** führt bis in die Stadt hinein. Der zum größten Teil aus Wald bestehende Naturpark ist ein ideal gelegenes Naherholungsgebiet. Die Freizeitmöglichkeiten sind sehr vielfältig. Auf einem gut ausgeschilderten Wegenetz findet sich für jeden Besucher eine passende Route.

Weiter Informationen:
Stadt Herrenberg, Touristen-Info, Marktplatz 5, 71083 Herrenberg,
Tel: 07032/924-320, Fax: -365,
Email: info@herrenberg.de, Internet: www.herrenberg.de

HERRENBERG
Stadterlebnis am Schönbuch

Special **Wein**

1000 Jahre Weinkultur ... 44

Shopping in Stuttgart ... 47

Unterwegs in Stuttgart und Schwäbischer Alb

Unterwegs in Stuttgart ... 52

Die Weinberge gleich hinter dem Hauptbahnhof und die großzügigen Parkanlagen, machen deutlich, dass sich in Stuttgart gleich in der Innenstadt Natur und Kultur auf das Beste vereinen.

Zur Orientierung ... 53

Touren in Stuttgart ... 54

Durch Stuttgarts Innenstadt ... 54

Hauptbahnhof › Schlossplatz › Schlossgarten › Kulturmeile › Altstadt › Liederhalle › Karlshöhe

Das Grüne U ... 61

Weißenhofsiedlung › Höhenpark Killesberg › Rosensteinpark › Mineralbäder › Planetarium

Bad Cannstatt ... 64

Wilhelma › Marktstraße › Kurpark › Mercedes-Benz-Museum

Museen ... 67

Staatsgalerie][Haus der Geschichte][Kunstmuseum][Kunstgebäude][Linden-Museum][Weißenhofsiedlung][Porsche-Museum

Special **Aussichtspunkte**

Die schönsten Aussichtspunkte ... 69

Ausflug nach Ludwigsburg ... 77

Esslingen und die Mittlere Alb ... 81

Die alte Reichsstadt Esslingen hat einen wunderbaren Altstadtkern und viel lebendige Kultur zu bieten. Von dort erkunden Sie die großartigen Natur- und Kulturschätze der Mittleren Alb.

Zur Orientierung ... 82

Touren in der Region ... 82

Durch Esslingens Altstadt ... 82

Marktplatz › Die Burg › Rathausplatz › Hafenmarkt › Ritterstraße › Pliensaustraße / Maille › Wolfstor › Neckar Forum

Im Land der Staufer ... 87
Schwäbisch Gmünd › Lorch › Ruine Hohenrechberg › Göppingen › Hohenstaufen › Geislingen › Oberes Filstal › Wiesensteig › Schertelshöhle › Urweltmuseum Hauff › Kirchheim unter Teck
Burgruinen und Fachwerkromantik ... 95
Nürtingen › Hohenneuffen › Bad Urach › Münsingen › Gestüt Marbach › Lautertal

Tübingen und Hohenzollernland ... 100

Die berühmte altehrwürdige Universitätsstadt bietet nicht nur Studenten große Abwechslung. Anschließend geht es ins Hohenzollernland, wo einst der Stammsitz des Fürstengeschlechts war.

Zur Orientierung ... 101
Touren in der Region ... 103
Romantisches Tübingen ... 103
Neckarfront › Schloss Hohentübingen › Marktplatz › Holzmarkt › Unterstadt
Naturwunder im Hohenzollernland ... 106
Reutlingen › Schloss Lichtenstein › Sonnenbühl/Bären- und Nebelhöhle › Wimsener Wasserhöhle › Zwiefalten › Riedlingen › Heuneburg › Sigmaringen › Donaudurchbruch › Freilichtmuseum Neuhausen › Albstadt › Balingen › Haigerloch › Hechingen › Burg Hohenzollern

Ulm und die Ostalb ... 119

In Ulm trifft Mittelalter auf Moderne, und das mit viel Erfolg. Die Ostalb gibt sich sanfter im Kontrast. Hier findet man in herbschöner Landschaft wunderbare Barockwerke eingestreut.

Zur Orientierung ... 120
Touren in der Region ... 120
Ulms alte und neue Mitte ... 120
Münster › Stadthaus › Neue Mitte › Marktplatz › Donaufront › Fischer- und Gerberviertel › Schwörhaus › Museum der Brotkultur › Benediktinerabtei Ulm-Wiblingen
Gotik- und Barocktour ... 126
Blaubeuren › Ehingen › Klosterkirche Obermarchtal › Schloss Mochental

Höhlen, Krater und Römerschätze 129
Eselsburger Tal › Heidenheim an der Brenz › Steinheim › Königsbronn › Aalen › Ellwangen › Kapfenburg › Schloss Baldern › Bopfingen › Kloster Neresheim › Burg Katzenstein › Giengen › Sontheim › Charlottenhöhle

Infos von A–Z 139

Register 141
Mini-Dolmetscher 143
Das System der Polyglott Sterne ..... Umschlag vorne

Echt gut!

Die besten Wohlfühlhotels 25
Stuttgart und die Alb literarisch entdeckt 37
Auf zum »Vierteles schlotzen« 42
Zur Schönen Aussicht 43
Archäologische Sensationen 93
Kirchenkunst in höchster Blüte 137

Karten

Klimakarten 15
Stuttgarts Innenstadt 56
Das Grüne U 62
Bad Cannstatt 65
Ludwigsburg 79
Esslingen 84
Mittlere Alb 88
Tübingen 102
Hohenzollernland 107
Ulm 122
Ostalb 126
Übersichtskarte ..... Umschlag hinten

Reiseplanung

Die Reiseregion im Überblick][Die schönsten Touren][Reisen in der Region][Klima und Reisezeit][Anreise][Reisen im Land][Unterwegs mit Kindern][Sport und Aktivitäten][Unterkunft

Die Reiseregion im Überblick

Stuttgart präsentiert sich als lebendige, weltoffene und genussfreudige Großstadt, die überraschend vielseitig daherkommt. Mit Recht kann sich die baden-württembergische Landeshauptstadt einer besonders schönen Lage rühmen. In einen von grünen Hängen umgebenen, muschelförmigen Talkessel schmiegt sich der übersichtliche Stadtkern mit den wichtigsten historischen Sehenswürdigkeiten. Zudem hat sich die Stadt schon längst zu einem kulturellen Zentrum mit einem berühmten Museums-, Opern-, Theater-, Ballett- und Musikangebot entwickelt und kann auch beim jungen Partyvolk mit einer ungewöhnlich dichten Diskotheken- und Club-Szene punkten. Nicht zu vergessen: der Wein – in der Stadt selbst, vor allem aber in den eingemeindeten Weinorten, die zum Verkosten und zu Wanderungen durch die Reblandschaft einladen. Schließlich ist Stuttgart auch Dienstleistungs- und Industriestadt, weltweit bekannt durch die Nobelkarossen von Mercedes und die flotten Flitzer von Porsche. Ein Ausflug ins nahe **Ludwigsburg** mit dem größten original erhaltenen Barockschloss Deutschlands und einem prächtigen, blühenden Barockpark bildet einen reizvollen Kontrast zum Bild der Landeshauptstadt.

Unmittelbar im Süden liegt die malerische, ehemals Freie Reichsstadt **Esslingen**, deren mittelalterliche Altstadt außerordentlich prächtige

Den schönsten Blick auf das Geschehen des Stuttgarter Schlossplatzes hat man vom Glaskubus des Kunstmuseums

Der Hohenneuffen ist die größte und schönste Burgruine Süddeutschlands

Fachwerkbauten schmücken. Sie ist ein schöner Ausgangspunkt für die romantischen **Burgen und Täler der Mittleren Alb**, deren westlicher Steilhang von Ferne wie eine geschlossene Mauer wirkt, sich beim Näherkommen aber als vielfach gegliederter Gebirgszug erweist. Markante, von Ruinen gekrönte Berge wechseln ab mit tief eingeschnittenen, von Felstürmen flankierten Tälern. Wie alle Regionen der Schwäbischen Alb ist dieser Teil ein beliebtes Wander- und auf den Hochflächen auch Radlergebiet. Aber nur hier sprudeln die heißen Quellen aus der Tiefe der Erde. Entsprechend beliebt sind die modern gestalteten Thermalbäder in Bad Urach und Beuren sowie Bad Überkingen, wo man in wohlig-warmem Wasser herrlich entspannen kann. Die gesamte Schwäbische Alb ist als UNESCO GeoPark ausgewiesen. Hier bietet sich im Urweltmuseum Holzmaden mit seinen teilweise sensationellen Fossilien ein umfassender Blick in die Entstehungsgeschichte des Gebirges.

Von der alten Universitätsstadt **Tübingen** mit ihrer postkartenschönen Neckarfront und nicht weniger beeindruckenden Altstadt erschließt sich die Südwestalb mit ihren **Naturwundern im Hohenzollernland:** den höchsten Höhen des Berglandes und dem eindrucksvollen Durchbruch der Donau in einer gewaltigen Schluchtlandschaft und riesigen Tropfsteinhöhlen, vor allem aber die wunderbare Bären- und die Nebelhöhle.

In dieser Region stand auch die Wiege des einst mächtigen Kaisergeschlechts der Hohenzollern, das drei romantische Burgen und Schlösser in Hechingen, Sigmaringen und Haigerloch hinterließ.

Karte Umschlag hinten

Nördlich von **Ulm** mit seinem weltweit höchsten Kirchturm und dem architektonisch anspruchsvollen neuen Stadtzentrum erstreckt sich die herbschöne Landschaft der **Ostalb,** die so manche Überraschung bietet. Weite Hochflächen wechseln mit engen Flusstälern, von der Urgeschichte zeugen versteinerte Korallenriffe und die unübersehbaren Krater vorgeschichtlicher Meteoriteneinschläge. Auch Menschen der Frühzeit hinterließen hier ihre Spuren: In Höhlen wurden die mit 35 000 Jahren ältesten bisher bekannten Kunstwerke der Menschheit entdeckt. In die Zeit, da die Römer den Limes bauten, versetzen die imposanten Ausgrabungen im Aalener Römermuseum. Großartige Kunst des Barock ist im Kloster Neresheim und in Ellwangen zu bewundern. Und die Einfahrt in den »Tiefen Stollen« des Besucherbergwerks in Aalen-Wasseralfingen macht den jahrhundertealten Eisenerzabbau erlebbar.

Die schönsten Touren

Die Schwäbische Alb in vier Tagen

1 Neresheim › Heidenheim an der Brenz › Geislingen an der Steige › Wiesensteig › Bad Urach › Münsingen › Schloss Lichtenstein › Sonnenbühl › Sigmaringen

Distanzen:
Neresheim › Heidenheim 15 km; **Heidenheim › Geislingen** 30 km; **Geislingen › Wiesensteig** 20 km; **Wiesensteig › Bad Urach** 25 km; **Bad Urach › Münsingen** 23 km; **Münsingen › Schloss Lichtenstein** 20 km; **Schloss Lichtenstein › Sonnenbühl** 15 km; **Sonnenbühl › Gammertingen** 20 km; **Gammertingen › Sigmaringen** 25 km

Verkehrsmittel:
Privater Pkw

Diese rund 200 km lange, gemütliche Route durchzieht das Mittelgebirge von Nordosten nach Südwesten fast in seiner gesamten Länge und erschließt die schönsten und abwechslungsreichen Teile. Zum größten Teil folgt unser Tourenvorschlag der mit einer Silberdistel bezeichneten Touristikroute Schwäbische Albstraße. An der Strecke liegen einige Mittel- und Kleinstädte, vor allem aber viel, viel Natur. Und da die Flüsse entweder nach Nordosten oder nach Südwesten fließen, müssen

Die Abteikirche Neresheim ist ein Höhepunkt barocker Baukunst in Europa

in stetem Auf und Ab zahlreiche Täler durchquert werden, die eindrucksvoll die verschiedenen Landschaftsformen präsentieren. Die Route beginnt auf dem Härtsfeld, eine herbschöne, von Wacholderheiden und kleineren Wäldern geprägte Alblandschaft. Dort lohnt sich eine ausgiebige Besichtigung, mit etwas Glück auch ein Konzert in der von Balthasar Neumann geschaffenen barocken **Klosterkirche Neresheim** › S. 136. Zwischen Heidenheim im Brenztal und Geislingen überraschen die weiten, offenen Landschaften der Heidenheimer Alb, ehe im oberen, von steilen Hängen und Felswänden flankierten Filstal die Thermalbäder **Bad Ditzenbach** und **Bad Überkingen** zu einem entspannenden Bad einladen. Die erneute Überquerung einer Strecke der Albhochfläche folgt dann im Ermstal mit **Bad Urach** › S. 96. Hier sollten Sie unbedingt übernachten und den Charme der von Fachwerkhäusern und stimmungsvollen Plätzen geprägten Kleinstadt ebenso genießen wie das gastronomische Angebot und das Wellnessbad der AlbThermen. In engen Schlingen führt nun das Seeburger Tal auf die kuppenreiche Münsinger Alb und zum **Großen Lautertal** › S. 99 mit seinen vielen Burgen. Dort lädt das **Landgestüt Marbach** › S. 99 zu einem Gang an den Koppeln und Weiden ein, auf denen Araberhengste und andere Vollblutpferde weiden, bevor sie von hier aus in alle Welt verkauft werden. Auf schroffem Fels thront **Schloss Lichtenstein** › S. 108 über dem Echaztal, und nur wenige Kilometer weiter lohnen bei Sonnenbühl die **Bären- und die Nebelhöhle** › S. 109, die zu den schönsten Schauhöhlen Süddeutschlands zählen, den Gang durch die unterirdische Märchenwelt der Tropfsteingebilde. Die Route passiert das festungsartig ummauerte Städtchen Trochtelfingen und erreicht bei Gammertingen die Touristikroute Hohenzollernstraße, auf der es nach **Sigmaringen** › S. 112 mit dem Schloss der Fürsten von Hohenzollern-Sigmaringen geht. Auch hier empfiehlt sich eine ausgiebige Besichtigung.

Drei Kulturstädte im Herzen des Landes

2 Stuttgart › Esslingen › Tübingen

Distanzen:
Stuttgart › Esslingen 20 km; **Stuttgart › Tübingen** 45 km

Dauer:
Bei ausgiebiger Besichtigung 4 Tage

Verkehrsmittel:
Stuttgart–Esslingen S-Bahn (20 Min.), Stuttgart–Tübingen Regionalexpress oder Pkw je 1 Stunde

Die Landeshauptstadt **Stuttgart** › S. 52, das mittelalterliche **Esslingen** › S. 82 und das romantische Universitätsstädtchen **Tübingen** › S. 102 bieten sich zu Städtetrips voller aktueller Kultur und historischen Sehenswürdigkeiten an. Während es in Stuttgart die ausgeprägte Theater-, Musical- und Kunstszene ist, die Besucher in die eher modern geprägte Stadt zieht, punktet die ehemals Freie Reichsstadt Esslingen mit einem wunderbar geschlossenen mittelalterlichen Stadtbild. Hier reihen sich sehenswerte gotische Kirchen, die aussichtsreiche Burg, alte Pfleghöfe sowie malerische Gassen und Winkel aneinander. In Tübingen, der ältesten Universitätsstadt Württembergs, swingt das studentische Leben, ziehen die berühmte Neckarfront mit dem Hölderlinturm, Marktplatz und Rathaus sowie hoch über allem Schloss Hohentübingen Besucher aus vielen Ländern an. Und alle drei Städte bieten eine vielseitige Gastronomie sowie ein grünes Umfeld, das auf kurzen Wegen zu erreichen ist. Unsere Empfehlung: zwei Tage Zeit für Stuttgart, je einen Tag für die Städte Esslingen und Tübingen.

Stocherkahnfahrt in Tübingen

Karte Umschlag hinten

Zu Fuß über den Panoramaweg Schwäbische Alb

3 Donauwörth › Nördlingen › Bopfingen › Aalen › Schwäbisch Gmünd › Wiesensteig › Randecker Maar › Burg Teck › Ruine Hohenneuffen › Bad Urach › Schloss Lichtenstein › Nebelhöhle › Raichberg › Albstadt-Laufen › Lemberg › Klippeneck › Tuttlingen

Distanzen:
16 Etappen von jeweils 15 bis 34 km Wanderstrecke

Dauer:
ca. 15 Tage

Verkehrsmittel:
Wanderschuhe. Diese Tour wird von verschiedenen Veranstaltern ganz oder in beliebig langen Teilabschnitten als Wanderung ohne Gepäck angeboten – mit vorgebuchten Übernachtungen und Gepäcktransport › S. 21

Wer die Schwäbische Alb wirklich intensiv erleben will, sollte das zu Fuß tun. Die schönste aller Touren verläuft auf dem Panoramaweg, der an der Steilkante des Gebirges, dem so genannten Albtrauf entlangführt. Von vielen der malerischen Pfade direkt an der Steilkante eröffnen sich faszinierende Fernblicke über das Neckarland sowie seine Städte und Dörfer bis zum Schwarzwald und von einigen Anhöhen sogar bis zu den Alpen. Die schon vor über 100 Jahren als »Hauptwanderweg 1« des Schwäbischen Albvereins angelegte, 350 km lange Strecke berührt auf ihrem Weg den Meteoritenkrater des Nördlinger Rieses und gibt den Blick frei auf zahlreiche dem Albtrauf vorgelagerte, einzeln stehende Berge.

An der Strecke liegen Burgen und Ruinen, das Randecker Maar als Rest eines Vulkankraters, die mächtige Festungsruine **Hohenneuffen** › S. 96, das Kurstädtchen **Bad Urach** › S. 96 mit Ruine Hohenurach und dem Uracher Wasserfall, **Schloss Lichtenstein** › S. 108, die **Nebelhöhle** › S. 109 und im südlichen Teil die höchsten Erhebungen der Schwäbischen Alb, der 1002 m hohen Plettenberg und der 1015 m hohe Lemberg. Für viele erfahrene Wanderer handelt es sich wegen der vielen Aussichtsberge und häufigen Panoramablicke um eine der eindrucksvollsten Strecken Deutschlands.

Die Touren am Albtrauf entlang bieten immer eine schöne Aussicht

Touren in der Region

Touren in der Region	Region	Dauer	Seite
Durch Stuttgarts Innenstadt	Stuttgart	3–4 Std.	54
Das Grüne U	Stuttgart	4–5 Std.	61
Bad Cannstatt	Stuttgart	1–2 Std.	64
Ludwigsburg	Stuttgart	4–5 Std.	77
Durch Esslingens Altstadt	Esslingen	4–5 Std.	82
Im Land der Staufer	Mittlere Alb	1 Tag	87
Burgruinen und Fachwerkromantik	Mittlere Alb	2 Tage	95
Romantisches Tübingen	Tübingen	3–4 Std.	102
Naturwunder im Hohenzollernland	Hohenzollernland	3–4 Tage	106
Ulms alte und neue Mitte	Ulm	3–4 Std.	120
Gotik- und Barocktour	Ostalb	1 Tag	126
Höhlen, Krater und Römerschätze	Ostalb	3 Tage	129

Klima und Reisezeit

Innerhalb des gemäßigten Klimas Mitteleuropas liegen Stuttgart und die Schwäbische Alb in zwei unterschiedlichen Klimazonen.

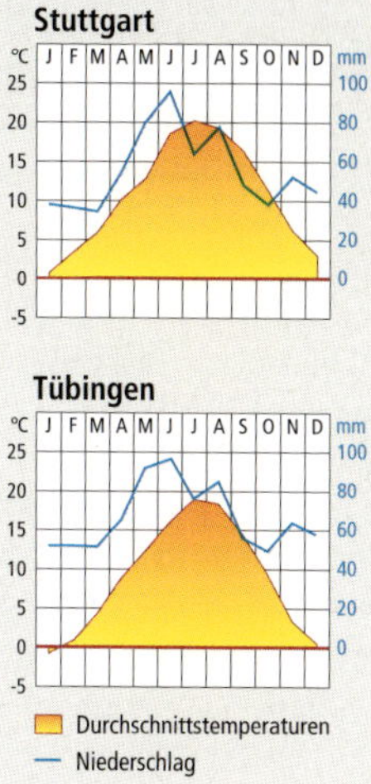

In den Neckarniederungen um Stuttgart und Esslingen herrscht ausgesprochen mildes Klima, die sommerlichen Höchsttemperaturen von 25 °C werden häufig überschritten, 30 °C und mehr sind zwischen Juni und September ebenfalls keine Seltenheit. Wärmster Monat ist der Juli. Das Neckarland gehört zudem zu den sonnenreichsten und regenärmsten Gebieten Deutschlands, weshalb sich ausgedehnte Weinlagen über die Hängen des Neckars und seiner Nebenflüsse ziehen. Das Zentrum von Stuttgart (240 m über NN) wird von einem Höhenkranz umgeben, der bis auf 500 m über NN reicht. So reizvoll diese Topografie auch ist, kann die Kessellage an heißen, windstillen Sommertagen auch zu Schwüle, Smog und erhöhter Wärmebelastung führen.

In den Hochlagen der Schwäbischen Alb in 700 bis 1000 m über NN liegen die Temperaturen um 5 bis 10 °C unter denen in und um Stuttgart. Selten klettert das Thermometer hier über 25 °C. Auch wehen häufiger Winde, kühlt es nachts stärker ab als in den Niederungen, weshalb der ausgesetzte Westrand bioklimatisch als »reizstark«, die sanfteren Hochflächen als »reizmäßig« und das niedrigere Vorland als »reizmild« kategorisiert wird. Selbst im Hochsommer ist es nur selten zu heiß zum Wandern. Die schönsten Tourenmonate sind Mai bis Juni und dann der Herbst, wenn die Laubwälder in rot-gelben Farben leuchten. Die globale Klimaveränderung betrifft jedoch auch die Schwäbische Alb. Die Stürme haben zugenommen, zum Teil unermessliche Schäden hinterlassen und auch die schweren Niederschläge von Regen sowie Hagel häufen sich selbst im Sommerhalbjahr. Dies betrifft insbesondere das Neckartal und die Täler auf der Alb. Auch die Winter in der Region werden schon seit etlichen Jahren nicht mehr üppig vom Schnee verwöhnt – Skilaufen ist also eher Glückssache.

Anreise

Stuttgart und die Schwäbische Alb sind durch A 7, A 8 und A 81 sowie ein Netz von Bundes- und Landesstraßen gut erschlossen. Während Stuttgart und Ulm als ICE-Stationen bequem mit der **Bahn** erreichbar sind, reisen die meisten Besucher der Schwäbischen Alb per **Auto** an. !! Zusammen mit Ludwigsburg und Schwäbisch Gmünd wurde in Stuttgart die **Umweltzone** eingeführt. Es dürfen nur PKWs mit einer Umweltplakette in die Städte einfahren. Diese erhält man zu 8,90 bzw. 18,90 € online unter www.umwelt-plakette.de.

Der **Stuttgarter Flughafen** bildet ein weiteres Eingangstor (www.flughafen-stuttgart.de). Unter dem Terminal 1 des Flughafens befindet sich die Haltestelle der S-Bahn zur Stadtmitte. Die **kurze Fahrtzeit** beträgt nur 30 Minuten.

In und um Stuttgart empfiehlt es sich, schon aus Parkplatz-Gründen das dichte **Netz des öffentlichen Nahverkehrs** zu nutzen. Im Verkehrsverbund Stuttgart sind die bis in die Region verkehrenden S- und U-Bahnen, Nahverkehrszüge sowie Busse zusammengeschlossen (www.vvs.de). Echt gut! Wer ein Hotel- oder Gästezimmer im VVS-Gebiet gebucht hat, kann das besonders günstige **3-Tage-Ticket** erwerben.

Reisen in der Region

Die Regional-Express- und Stadt-Express-Züge verkehren auf den Strecken Stuttgart–Ulm, Reutlingen–Tübingen, Ulm–Heidenheim–Aalen, Backnang–Nürnberg sowie Schorndorf–Aalen.
!! Auf der Alb wurden viele Bahnstrecken stillgelegt. Besucher sind auf Busse und das eigene Auto angewiesen.

Im Sommer verkehren zu bestimmten Terminen, meist aber nur am Wochenende, **Ausflugszüge** und **spezielle Busse**, z. B. der Spätzle-Express von Ulm über Münsingen nach Trochtelfingen (www.ulmer-spatz.net) oder der Naturpark-Express durch das obere Donautal zwischen Sigmaringen, Tuttlingen und Blumberg (www.naldo.de).

Call a bike

An vielen Plätzen in der Stadt gibt es **Leihräder** der deutschen Bahn, die man einfach per Handy freischalten kann (www.callabike.de).

Special

Unterwegs mit Kindern

Ob Teddybären oder tapsige Eisbären, Dinos oder Modelleisenbahnen, Schlösser, Burgen oder Höhlen – Familien finden in Stuttgart und auf der Schwäbischen Alb eine ganze Menge spannender Erlebnismöglichkeiten.

Einen ganzen Tag können große und kleine Besucher locker in der **Stuttgarter Wilhelma** › S. 64 verbringen, die als zoologisch-botanischer Garten neben den Tierattraktionen auch durch ihre maurische Architektur, Seerosenteich und Magnolienhain einen Hauch von Orient vermittelt. Dschungelerlebnisse bieten das Schmetterlings- und Amazonashaus. Publikumsmagnet ist das artgerecht gestaltete Freigehege der Eisbären mit dem 2008 zur Welt gekommenen Eisbär-Nachwuchs Wilbär. Natürlich locken auch Affen, Giraffen, Elefanten und das Aquarium mit Krokodilhalle. Auch einen Schaubauernhof mit Streichelzoo gibt es hier.

Große Augen bekommen die Kids auch in den zusammengehörenden **Museen für Naturkunde »Am Löwentor«** und **»Schloss Rosenstein«** › S 71 in Stuttgart, wenn sie vor den überdimensionalen Dinosauriern und anderen Fossilien der schwäbischen Alb stehen. Das ganze Jahr gibt es Kinderprogramme mit der Eidechse Exi und sonntags Familienführungen.

Zu einer Reise in ferne Länder lädt das Stuttgarter **Linden-Museum, Staatliches Museum für Völkerkunde** › S. 68, kleine und große Forschertypen ein. Ob Südseeträume, afrikanischer Markt oder japanisches Teehaus, ein orientalischer Bazar oder Besuch bei den Eskimos – das Museum vermittelt sehr lebendige Einblicke in fremde Kulturen.

Im **Höhenpark Killesberg ›** S. 62 drehen »Tazzelwurm« und »Springerle« ihre Runden. Die Liliput-Dampflokomotiven mit einigen Personenwagen zuckeln bergauf, bergab durch den großen Park – vorbei an Blumen, Seen und Wasserfällen, einem Spielplatz, Kindertheater, Karussells und einem Streichelzoo (www.killesberg-kleinbahn.de, Mitte April bis Anfang Okt. Mi, So, Fei 10–18, Mo, Di, Do–So 13–18 Uhr).

Der **Märchengarten im Park von Schloss Ludwigsburg ›** S. 78 verzaubert alle Besucher. Schöne Prinzen und Prinzessinnen, freche Kobolde und geheimnisvolle Fabelwesen sind in diesem Reich zu Hause. Rapunzel lässt auf Zuruf ihr Haar vom Turm, die Hexe guckt böse aus dem Knusperhaus, und das tapfere Schneiderlein erledigt »sieben auf einen Streich«. Aber auch die Streiche von Max und Moritz und Geschichten aus 1001 Nacht sind reizend in Szene gesetzt. Fahrten mit dem Märchenbähnle und auf dem Märchenbach, ein Irrgarten und Schaukeln sorgen für Abwechslung. 40 teils interaktive Attraktionen beflügeln die Fantasie der Besucher (Mitte März bis Anfang Nov., tgl. 9–18 Uhr).

Die Hexe im Knusperhäusle spricht Schwäbisch

Beliebte Familienziele auf der Schwäbischen Alb sind die mächtigen Höhlen dieser Karstlandschaft. Zwei der bekanntesten liegen bei der Gemeinde Sonnenbühl, die **Nebelhöhle und die Bärenhöhle ›** S. 109. Sie wecken mit ihrer Feenwelt aus Sinterbildungen und Tropfsteinformationen die Fantasie der Besucher. Vor der Bärenhöhle erstreckt sich ein kleiner Vergnügungspark für Kinder, das Traumland auf der Bärenhöhle (www.freizeitpark-traumland.de).

Die **Wimsener Wasserhöhle** bei Zwiefalten ist sogar auf der an Höhlen reichen Alb einmalig. Mit einem Kahn wird man durch den Höhlenmund ein Stück in das Berginnere gefahren und erfährt vom Fährmann viel über die Entstehung der Höhle.

In der neuen **HöhlenErlebnis-Welt ›** S. 138 bei der Charlottenhöhle auf der Ostalb können kleine und große Besucher eine aufregende Zeitreise durch Jahrmillionen unternehmen, interaktiv und ganz direkt.

Spannende Unterwelt-Erlebnisse bietet auch das **Besucherbergwerk Tiefer Stollen ›** S. 133 in Aalen-Wasseralfingen. Hier fährt man mit dem Grubenbähnchen ins Bergwerk ein, wo vom 17. bis ins 20. Jh. hinein Eisenerz abgebaut wurde.

Immer beliebt: der Nachwuchs in der Wilhlema

Burgenromantik ist selbst für coole Kids spannend, zwei der vielen Alb-Burgen gehören zu den besonderen Lieblingen der Kinder. Einmal das zierliche **Schlösschen Lichtenstein** › S. 108, das mit markanter Silhouette auf einer steilen Felsnadel über dem Ort klebt. Es wurde im 19. Jh. so erbaut, wie man sich in jenem romantischen Zeitalter einen mittelalterlichen Rittersitz vorstellte. Auch die **Burg Hohenzollern** › S. 118 bei Hechingen entstand in ihrer heutigen Form im Geist der Burgenromantik des 19. Jhs. Spitze Türme, Wehranlagen und Wohnbauten verschmelzen weithin sichtbar zu einer Dornröschenschloss-Silhouette. Neben diesen »Stars« locken in allen Teilen des Berglandes weitere Burgen, Schlösser und Ruinen, in deren Mauern kleine Ritter und Prinzessinnen herumtoben können (www.schwaebischealb.de).

In fernste Urzeiten entführt das **Urweltmuseum in Holzmaden** › S. 93. Dort stehen lebensgroße Saurier unter Schachtelhalmen und Mammutbäumen.

Das Städtchen Giengen an der Brenz ist als Geburtsstätte des Teddybären bekannt. Am Stammsitz der Margarete Steiff GmbH präsentiert sich die Erlebniswelt »**Steiff Museum**«. Freunde der Kuscheltiere mit dem »Knopf im Ohr« können die Geschichte ihrer Lieblinge und des Unternehmens dort bilderreich erleben. In der Kinder-Erlebniswelt geht es mit zwei Teddys in einer interaktiven Tour auf die Suche nach verschollenen Teddybären (www.steiff.de, April–Okt. tgl. 9.30–19, Nov. bis März 10–18 Uhr).

Die **Märklin-Erlebniswelt in Göppingen** bietet Faszination für Eisenbahnfans aller Altersklassen. Oldtimer-Raritäten aus der fast 150-jährigen Firmengeschichte sind dort ebenso zu bewundern wie digital gesteuerte Modelleisenbahnanlagen und allerhand historisches Spielzeug (www.maerklin.de, Mo–Fr 10–20, Sa 10–18, So 11–18 Uhr, nicht Fei).

Sport und Aktivitäten

Stadtführungen per Rikscha, Seilbahn oder Kanu

Längst wetteifern die Städte – neben den normalen und informativen Rundfahrten und Rundgängen – mit spannenden und witzigen thematischen Führungen, die viele Facetten und Blickwinkel beleuchten.

In **Stuttgart** geht es zum Beispiel »Mit dr Seilbahn nuff ond mit dr Zacke nonder« (Mit der Seilbahn rauf und mit der Zahnradbahn runter). Ziel ist der idyllische Waldfriedhof, auf dem viele berühmte Stuttgarter bestattet sind. Die »Zacke« bringt die Teilnehmer zurück in die Stadt. Gut zu Fuß muss man bei den verschiedenen Touren »Stäffele nuff, Stäffele na« (Treppen rauf und runter), sein. Die Stuttgarter Stäffele führen aus dem Talkessel hoch in die grünen Halbhöhen- und Höhenlagen, mit tollen Ausblicken. Andere Thementouren führen zu Weinbau, Architektur, auf die Spuren von Herzog Carl Eugen oder zu den russischen Großfürstinnen, die einstmals Stuttgart einigen Glanz verliehen.

Gruselig kann es in der Mittelalterstadt **Esslingen** werden, wo unter den 40 Stadtführungen nächtliche »Geisterführungen mit Biss« und »Nachtwächters Geschichten« von dunklen Zeiten erzählen und finstere Gestalten in dunklen Ecken für Gänsehaut sorgen. Esslingen lässt sich außerdem bei **Kanufahrten** durch die Neckarkanäle auch vom Wasser aus entdecken – in Booten für bis zu 20 Personen. Erfahrene Kapitäne zeigen die Stadt und so manches idyllische Fleckchen aus völlig anderer Perspektive.

Zu Stuttgarts Höhen hinauf geht es auch mit einer Seilbahn

Auch **Ulm** hat seit 2008 seinen Nachtwächter und sogar eine Nachtwächterin, die beim Rundgang durch die nächtliche Stadt so manches Geheimnis preisgeben. Mehr noch als zu Fuß lässt sich bei einer Fahrradführung entdecken, die Ulm und Neu-Ulm am jenseitigen Donauufer erschließt. Und bei der Tour »Mächtige Klänge« endet der Rundgang bei einem Orgelkonzert im Münster.

Kanufahrt in Esslingen

Kräftige Waden müssen bei der Rikscha-Stadtrundfahrt in **Tübingen** nur die Fahrer haben. Je zwei Passagiere können sich entspannt zu den Sehenswürdigkeiten strampeln lassen. Rikscha-Fahrten werden auch zum nahen Kloster Bebenhausen angeboten. Waren Stocherkahnfahrten auf dem Neckar früher ein Privileg der studentischen Verbindungen, so können sich heute die Besucher an der Neckarfront mit der bildschönen Stadtsilhouette entlangstaken lassen (Auskünfte zu den Stadtführungen bei den jeweiligen Touristen Informationen).

Wandern auf der Schwäbischen Alb

Die Schwäbische Alb gehört zu den klassischen Wandergebirgen Deutschlands. Die ständige Abwechslung zwischen bewaldeten Hängen und freien Hochflächen, tief eingeschnittenen Tälern, Felstürmen, Höhlen und Trockentälern, Randwegen oft unmittelbar an der Kante des bis über 200 m tiefen Steilabfalls (Albtrauf) bieten zahllose Möglichkeiten. Viele Aussichtstürme und Burgen wie z.B. Lichtenstein und Hohenzollern eröffnen weite Fernblicke. Rückgrat des rund 15 000 km langen Wanderwegenetzes sind die beiden Hauptwanderwege, der Albnordrandweg HW1 (Panoramaweg) und der Südrandweg HW2. Beide wurden nach den Richtlinien des Deutschen Wanderverbandes als »Qualitätsweg Wanderbares Deutschland« zertifiziert.

Auf mehreren besonders abwechslungsreichen Strecken können zu jedem beliebigen Zeitpunkt individuelle und unterschiedlich lange **Wanderungen ohne Gepäck** unternommen werden. Das Reisegepäck wird dabei zu den vorgebuchten Hotels vorausgeschickt. Zur Wahl steht ein großes Netz von 1300 km, für das 54 Tagesetappen ausgerechnet wurden, u. a. der Panoramaweg, Touren entlang der europäischen Wasserscheide und entlang der Donau sowie auf den Spuren von Eduard Mörike. Auskunft gibt der Schwäbische Alb Tourismusverband, Touren buchen kann man bei der Tourismusagentur Heinrich Dietmann. Infos:

■ **Schwäbische Alb Tourismusverband**
Marktplatz 1][72574 Bad Urach][Tel. 071 25/94 81 06
www.schwaebischealb.de

■ **Touristik Service-Agentur Heinrich Dietmann GmbH**
Hohenzollernstr. 13][72419 Neufra][Tel. 075 74/92 15 48
www.touristik-service-agentur.de

Radwandern

Zunehmend entdecken auch Radwanderer das »Ländle«. Zwar erfordern die steilen Aufstiegswege am Westrand der Schwäbischen Alb einiges an Kondition; ist die Hochfläche jedoch erst einmal erklommen, öffnen sich weite Gebiete mit sanft hügeligen, verkehrsfreien Landwirtschaftswegen. Das gilt auch für das Albvorland und den Schwäbisch-Fränkischen Wald, wo ebenfalls ein dichtes und weitläufiges Wander- und Radwanderwegenetz erschlossen wurde.

Echt gut! In S-Bahnen und Zügen des Verkehrsverbundes Stuttgart dürfen an Wochenenden sowie werktags außerhalb der Hauptverkehrszeiten **Räder kostenlos** mitgenommen werden (sonst Kinderfahrpreis, in der Stadtbahn Stuttgart im Berufsverkehr nicht möglich).

Bike-Crossing-Trail Schwäbische Alb

Anspruchsvolle Mountainbiker finden seit 2008 mit dem Bike-Crossing-Trail Schwäbische Alb eine Alternative zu den Alpen: 10 000 Höhenmeter auf 368 km Länge bilden eine starke Herausforderung. Unter der Bezeichnung »Bike-Crossing (X-ing)« führt der Trail von Aalen im Nordosten entlang des gesamten Albtraufs bis Tuttlingen an der Donau im Südwesten. Sportlich ambitionierte Biker, die konditionelle Herausforderungen mit Naturerlebnissen verbinden wollen, erleben hier die höchst eindrucksvolle Naturlandschaft dieses Gebirges. Wem die Schwäbische Alb allein nicht ausreicht, der erreicht in Tuttlingen eine Verbindungsstrecke zum Bike-Crossing Schwarzwald, wo auf rund 450 km Länge weitere insgesamt 16 000 Höhenmeter auf Biker warten – zusammen also über 800 km Länge mit 26 000 Höhenmetern. Informationen zum Trail, GPS-Daten, Übersichtskarte und Bike-Touren findert man auf: www.schwaebischealb.de/themen/mountainbiken

Reiten

Pferdefreunde finden auf der Schwäbischen Alb nicht weniger als 30 Reiter- und Ponyhöfe sowie Stationen für Wanderritte. Ein Höhepunkt für Pferdeliebhaber ist das Haupt- und Landgestüt Marbach mit seinen Gestütshöfen in Marbach, Offenhausen und St. Johann. In diesem ältesten Gestüt Deutschlands haben edle Warmbluthengste, Schwarzwälder Füchse und Vollblutaraber ihre Heimat › S. 99. Im Frühjahr und Sommer grasen Stuten mit ihren Fohlen auf den Weiden und sind der

Für schöne Pferde reist so mancher zum Haupt- und Landgestüt Marbach

Anziehungspunkt für Besucher. Zu den Attraktionen zählen die Reitpferdeauktion, die zentrale Hengstvorstellung und die großen Hengstparaden im Herbst (www.wanderreiten-alb.de).

Wasserspaß

Spaß am Nass bieten nicht nur die zahlreichen Freibäder, sondern auch attraktive Badelandschaften – angefangen mit den Thermal- und Mineralbädern Leuze, Bad Berg und Cannstatt in Stuttgart über die Thermen von Bad Urach, Bad Dürrheim, Aalen und Beuren bis zu den Spaßbädern von Albstadt-Ebingen, Blaustein, Ehingen, Ellwangen oder Heidenheim. Sowohl als Gesundheitseinrichtungen als auch zum Schwimmen laden zudem Thermal- und Mineralbäder in Bad Boll, Bad Ditzenbach, Bad Überkingen und Beuren ein.

Segelfliegen, Paragliding und Ballonfahren

Ihre topografische Situation macht die Schwäbische Alb zu einem idealen Revier für Paraglider und Segelflieger, die den Hangaufwind an den Steilhängen sowie die Thermikschläuche über den freien Feldern der Hochfläche nutzen können. Ein Dutzend Segelflugplätze liegen über die ganze Alb verteilt, in den Alb-Randgebieten wurden Startrampen für Drachen- und Gleitschirmflieger angelegt. Auch bieten Ballonsportgruppen und Ballonunternehmer die Möglichkeit zu Passagierfahrten über dem Bergland (Schwäbische Alb Tourismusverband › S. 22).

Wintersport

Der Klimawandel ist auch auf der Schwäbischen Alb unübersehbar. Wo noch vor wenigen Jahrzehnten lange, schneereiche Winter normal waren, gewährt die Höhenlage zwischen 700 m und 1000 m längst keine Schneesicherheit mehr. Bei entsprechender Schneelage bestehen jedoch Wintersportmöglichkeiten an zwei Dutzend Skiliften, z. T. mit Flutlicht und Schneekanonen, sowie zum Skiwandern und Skilanglauf auf 120 gespurten Loipen. Bekannteste Skigebiete sind Hirtenteich, Westerheim, Donnstetten (Schwäbische Alb Tourismusverband › S. 22).

Klettern

Vielerorts ziehen bis über 100 m hohe Felswände Sportkletterer an. Aus Naturschutzgründen ist Klettern jedoch nicht überall erlaubt, wo es möglich wäre. Im Oberen Donautal wurde 2007 bei der Gemeinde Inzigkofen der erste Felslehrpfad der Welt eröffnet. Er verläuft am Aussichtsfelsen zwischen Inzigkofen und Dietfurt und bietet Informationen über die Bedeutung der Felslebensräume. Der eigentliche Pfad ist Kletterern vorbehalten, aber eine große Infotafel an der Donautalstraße informiert auch »Unten-Gebliebene« ausführlich über das Thema Felsflora und deren Schutz.

Darüber hinaus besteht in den vier Kletter- und Hochseilgärten in Laichingen, bei Schloss Lichtenstein, im Wental bei Schwäbisch Gmünd und bei Sigmaringen die Möglichkeit zu unbeschwertem Klettern unter kompetenter Anleitung (Schwäbische Alb Tourismusverband › S. 22).

■ **Haus der Natur**

88631 Beuron][Tel. 074 66/928 00
www.naturpark-obere-donau.de

Sportkletterer auf dem Felsmassiv des Reußensteins

Unterkunft

In den interessanten Städten unseres Reisegebietes stehen Unterkünfte aller Art – vom Luxushotel bis zu persönlich geführten Häusern und Pensionen – in großer Zahl zur Verfügung. Günstig übernachten kann man auch in Jugendherbergen und auf Campingplätzen.

In den ländlichen Gegenden der Schwäbischen Alb liegt der Schwerpunkt eher auf den zweckmäßigen, rustikalen Unterkünften der Drei-Sterne-Kategorie. Doch findet man auch einzelne gehobene Häuser sowie Designkleinode – romantisch oder ultramodern – sowie vor allem in den Heilbädern einladende Kur- und Fitnesshotels, die oft attraktive Wochenendarrangements anbieten. Dazu kommen Ferienwohnungen und einige Feriendörfer sowie Campingplätze. Ebenso wachsender Beliebtheit erfreut sich der Urlaub auf dem Bauernhof. Im Ferienring Schwäbische Alb haben sich 95 Gastgeber zusammengetan, die Ferienhäuser und -wohnungen sowie günstige Gruppenunterkünfte in idyllischen Dörfern und auf bewirtschafteten Bauernhöfen anbieten. Oft gibt es hier frische Lebensmittel direkt vom Hof zu kaufen (www.ferienring-schwaebischealb.de). Und auch Jugendherbergen stehen nicht nur jugendlichen Wanderern offen, sondern verfügen meist auch über einige Familienzimmer (www.djh.de). Alle mit Sternen klassifizierten Hotels finden Sie im Internet unter: www.dehoga-bw.de. Informationen erhält man auch bei:

■ **Tourismus-Marketing GmbH BW**
Postfach 10 29 51][70025 Stuttgart
Tel. 07 11/23 85 80
www.tourismus-bw.de

Echt gut!

Die besten Wohlfühlhotels

■ Der **Zauberlehrling** ist ein geglücktes Designhotel im Bohnenviertel von Stuttgart mit Gourmet-Restaurant › S. 73. ●●●

■ **Achalm Hotel**
Auf der Achalm, 72766 Reutlingen
Tel. 071 21/48 20
www.achalm.com
Ein Landhotel für Genießer über den Dächern Reutlingens. ●●

■ **Art Hotel in Nabern**
Weilheimer Straße 18–20
73230 Kirchheim unter Teck/Nabern
Tel. 070 21/95 05 90
www.arthotelbilliestrauss.de
Futuristisches Design trifft auf Fachwerk am Fuß der schwäbischen Alb. Kunst in allen Räumen. ●●

■ Das Vier-Sterne-Romantik-Hotel **Azenberg** bietet Wohlfühlatmosphäre und einen reizenden Garten mitten in Stuttgart › S. 73. ●●

■ Die Lage des **Relaxa Waldhotels Schatten**, mitten im Grünen an Stuttgarts Stadtrand, ist ideal zum entspannen und sich verwöhnen lassen › S. 73. ●●

THEKE AM MARKT
ROMA
OTOSCHUMAC

Land & Leute

Steckbrief][Geschichte im Überblick][Natur und Umwelt][Kunst und Kultur][Feste und Veranstaltungen][Essen und Trinken][Shopping in Stuttgart

Steckbrief

Stuttgart und die Schwäbische Alb

Bundesland: Baden-Württemberg
Landeshauptstadt: Stuttgart
Gebiet: Stadtkreise Stuttgart und Ulm sowie 13 Landkreise
Einwohner: Rund 4 Mio., also fast 40 % der 10,75 Mio. Baden-Württemberger.
Stuttgart hat 590 500 Einwohner.
Geografie: Länge der Schwäbischen Alb rund 200 km, Breite rund 60 km.

Höchste Erhebung: Hoher Lemberg bei Gosheim (1015 m).
Weitere Tausender (alle in der Südwestalb): Oberhohenberg (1011 m), Hochberg (1009 m), Wandbühl (1007 m), Rainen (1006 m), Wachbühl (1004 m), Hochwald (1002 m).

Landesflagge

Die Landesflagge von Baden-Württemberg besteht aus einem oberen schwarzen und einem unteren goldfarbenen Querstreifen.

Landesdienstflagge

In der Landesdienstflagge befindet sich das Wappen von Baden-Württemberg, das in einem goldenen Schild drei schreitende Löwen mit herausgestreckter Zunge zeigt. Darüber zeigt eine Krone mit Plaketten die historischen Wappen der fusionierten Länder Baden, Württemberg, Hohenzollern, Pfalz, Franken und Vorderösterreich.

Lage

Das in diesem Reiseführer beschriebene Gebiet erstreckt sich vom Zentrum Baden-Württembergs mit der Landeshauptstadt Stuttgart in östliche und südöstliche Richtung bis zur Landesgrenze nach Bayern. Es wird im Westen vom Neckar, im Südosten etwa von der Donau sowie im Osten von der Frankenhöhe und dem Nördlinger Ries begrenzt.

Nördlich läuft die Schwäbische Alb im Hügelland des Schwäbischen Waldes aus.

Politik und Verwaltung

Die Schwäbische Alb gehört zu den Regierungsbezirken Nordwürttemberg (Regierungssitz in Stuttgart) und Südwürttemberg-Hohenzollern (Sitz in Tübingen). Die Bürger wählen ihre Bürger- bzw. Oberbürgermeister direkt. Derzeit führt Wolfgang Schuster (CDU) die Amtsgeschäfte im Stuttgarter Rathaus. Seit 1996 wird das Land Baden-Württemberg von einer Koalition aus CDU und FDP regiert; Ministerpräsident ist Günther Oettinger (CDU).

Wirtschaft

Die Region um Stuttgart wird häufig mit dem kalifornischen Silicon Valley verglichen. Im Ballungsgebiet am Neckar dreht sich vieles um Chips, Bits und Bytes. Hier sitzen Hightech-Unternehmen wie IBM, Wincor-Nixdorf oder Hewlett-Packard. Die Daimler AG produziert zwischen Esslingen, Stuttgart und Sindelfingen, Porsche baut seine flotten Flitzer in Zuffenhausen. Dazu kommen viele Firmen aus Zulieferindustrie und Maschinenbau. Allerdings ist auch im Musterländle längst nicht mehr alles nur eitel Freude: Verschlankung der Betriebe sowie Konkurse hoben die Arbeitslosenquote zeitweilig spürbar an.

Bis vor gar nicht so langer Zeit gab es auf der Schwäbischen Alb zahlreiche kleine und mittelständische Textilunternehmen. Nur die wenigsten können sich noch am Markt halten, andere haben ihre Produktion ins billigere Ausland verlegt. Als größter Textilbetrieb hält Trigema in Burladingen am Standort Schwäbische Alb fest.

Die Landwirtschaft hat auf der Alb mit ihren trockenen kalkreichen Böden nur noch geringe Bedeutung. Sie wird überwiegend im Nebenerwerb betrieben, intensiver nur im Albvorland zwischen Albtrauf und Neckar. Noch ziehen einige Schäfer mit ihren Herden über die Alb – dies ist aber leider auch ein aussterbender Beruf. In der Region um Stuttgart und Esslingen spielt Weinbau eine bedeutende Rolle › S. 44. Wichtig ist der Tourismus, und zwar sowohl Städte- und Kulturtourismus in Stuttgart, Ulm, Esslingen und Tübingen als auch Landschaftstourismus auf der Schwäbischen Alb, wo man verstärkt auf sanfteren Tourismus mit mehr Klasse statt Masse setzt.

Bevölkerung

Das ursprüngliche Gefälle zwischen den industriell geprägten Städten vor allem im Ballungsraum Stuttgart und der dünn besiedelten Albhochfläche löst sich mehr und mehr auf. Die meisten Bewohner dieser Region verdienen auch in ländlichen Gebieten ihren Lebensunterhalt nicht mehr wie in vergangenen Zeiten mit Landwirtschaft und Weinbau, die fast ausschließlich im Nebenerwerb betrieben werden, sondern in Industrie, Gewerbe, Dienstleistungen und Verwaltung.

Geschichte im Überblick

Ab ca. 500 v. Chr. Keltische Besiedlung mit Dörfern und ausgedehnten Fluchtburgen.

50–259 n. Chr. Die Römer legen bei Bad Cannstatt, Köngen und Rottenburg sowie entlang des Limes im Schwäbischen Wald und auf der Ostalb viele Kastelle an.

259–ca. 600 n. Chr. Nach wiederholtem Ansturm der Germanen ziehen sich die Römer zurück. Die Alemannen besiedeln die Region. Sie werden 496 von den Franken nach Süden zurückgedrängt. Ab 600 gründen irische Mönche Klöster.

777 Erste urkundliche Erwähnung von Esslingen.

854 Erste urkundliche Erwähnung von Ulm.

1078 Erste urkundliche Erwähnung von Tübingen.

11.–13. Jh. Um 1050 beginnt der Aufstieg der aus der Gegend um Göppingen stammenden Staufer zu einem der mächtigsten Herrscherhäuser. Die Städte gewinnen an Selbstständigkeit.

Ab dem 12. Jh. Die Hohenzollern erringen Bedeutung. Sie bleiben bis ins 20. Jh. Landesherren der Gegend um Hechingen und Sigmaringen. Allmählich betreten die Habsburger die europäische Bühne.

1229 Erste urkundliche Erwähnung von Stuttgart.

Ab 1241 Das zuvor unbedeutende Geschlecht der Württemberger spielt fast 700 Jahre die Hauptrolle im Land. 1442 wird es zwischen Ulrich V. und Ludwig I. geteilt.

1377 Beginn des Münsterbaus in Ulm.

1477 Gründung der Universität Tübingen, der ersten im Land.

16.–17. Jh. Der streitbare Herzog Ulrich verliert 1519 in Kämpfen mit dem Schwäbischen Bund – einem Zusammenschluss der Reichsstädte, zahlreicher Fürsten und des Kaisers – das Land, das nun von Österreich verwaltet wird. 1525 schlägt der Bund mit großer Brutalität die aufständischen Bauern nieder. Als Herzog Ulrich 1534 die Herrschaft zurückerobert, führt er die Reformation ein. Zerstörungen und Seuchen dezimieren im Dreißigjährigen Krieg die Bevölkerung.

18. Jh. Herzog Eberhard Ludwig verlegt 1724 die Residenz nach Ludwigsburg. Ab 1775 ist Stuttgart wieder Regierungssitz.

1805 Württemberg wird Königreich und erhält die österreichischen Besitzungen um Rottenburg und in Oberschwaben. Hohenzollern bleibt selbstständig.

Mitte des 19. Jhs. Zunehmende Industrialisierung.

1905 Mit der Eingemeindung in die Stadt Stuttgart endet die kommunale Selbstständigkeit der einst berühmten Kurstadt Bad Cannstatt.

1918 König Wilhelm II. muss abdanken.

1918 Württemberg wird Republik.

1933 Württemberg wird mit dem Deutschen Reich gleichgeschaltet.

1939–1945 Im Zweiten Weltkrieg werden die Innenstädte von Stuttgart und Ulm nahezu vollständig zerstört (lediglich das Ulmer Münster überstand die Angriffe fast unbeschadet).

1945 Die Alliierten teilen das Land in das amerikanisch besetzte Nordwürttemberg-Nordbaden mit Hauptstadt Stuttgart und das von Tübingen aus verwaltete französische Südwürttemberg-Hohenzollern.

1952 Württemberg-Baden, Südwürttemberg-Hohenzollern und Südbaden schließen sich zum Bundesland Baden-Württemberg zusammen. Landeshauptstadt und politisches Zentrum wird Stuttgart.

1973 Die neue Kreisreform reduziert die Zahl der Kreise und Gemeinden.

2005 Die UNESCO nimmt die Schwäbische Alb in die Liste der Globalen Geoparks und den Limes als Weltkulturerbe auf.

2006 Die seit 1952 führende Regierungspartei CDU wird bei den Landtagswahlen erneut stärkste Partei. Stuttgart gehört zu den Austragungsorten der Fußball-WM.

2007 Am Stuttgarter Flughafen wird die neue Landesmesse eingeweiht.

2008 Nach jahrelangen Diskussionen zwischen Befürwortern und Gegnern wird »Stuttgart 21« beschlossen: der Neubau des Stuttgarter Hauptbahnhofs und der Strecke Stuttgart–Ulm, für nahezu fünf Milliarden Euro.

Markantes Wahrzeichen der neuen Messe in Stuttgart ist das Parkhaus

Natur und Umwelt

In einem industriellen Ballungsgebiet wie dem um Stuttgart ist der Schutz von Natur und Umwelt immer eine Gratwanderung zwischen Wünschenswertem und Möglichem. Vor diesem Hintergrund ist die Vision eines »Landschaftsparks Region Stuttgart« entstanden, bei dem Landschaft nicht nur geschützt, sondern aufgewertet und gestaltet werden soll. In den kommenden Jahrzehnten wird ein vielfältiges, erkennbares Netzwerk von Freiräumen, Grünflächen, Attraktionen und Bauwerken entstehen, um den Freizeit- und Erholungswert zu steigern.

Natur findet in dieser Region aber in erster Linie um und auf der Schwäbischen Alb mit ihrer bunten Landschaftspalette statt: Tief eingeschnittene Täler mit bewaldeten Steilhängen und Felstürmen grenzen an offene Hochflächen mit Trockenrasen-Vegetation. Das Erdinnere birgt Tropfsteinhöhlen. Auf den Hochebenen wachsen seltene Pflanzen, z. B. Orchideen, Küchenschelle, Fingerkraut, Katzenpfötchen, Deutscher Enzian, Kartäusernelke oder Silberdistel. Charakteristisch für die

Die südwestdeutsche Schichtstufenlandschaft

Dass die Schwäbische Alb von Westen her wie ein mächtiges, steil aufragendes Gebirge wirkt, nach Osten aber sanft zur Donau abfällt, liegt an der großflächigen Schichtstufenlandschaft, die ganz Südwestdeutschland überzieht: Wie bei einer Treppe baut sich eine Schicht nach der anderen auf der darunter liegenden auf. Vor etwa 45 Mio. Jahren bedeckte ein riesiges, kristallines Urgebirge das heutige Südwestdeutschland. Es hob sich in der Mitte an, die verschiedenen Deckschichten dieses Urgebirges gerieten in Schräglage. Als an der höchsten Stelle im Verlauf der Erdgeschichte die Oberrheinische Tiefebene einbrach, begann an der Bruchkante die Erosion. Eine Schicht nach der anderen wich langsam nach Osten zurück. So entstand die südwestdeutsche Schichtstufenlandschaft. Im Südschwarzwald sind alle deckenden Schichten verschwunden, dort stehen die Urgesteine Granit und Gneis an der Oberfläche. Im Nordschwarzwald hielt sich der Buntsandstein, der weiter östlich unter dem Muschelkalk, dieser wieder unter dem Keuper und jener unter den Juraschichten verschwindet.

Die Vorgebirge der Alb – Schönbuch und Schwäbischer Wald – werden von der deutlich sichtbaren Keuperstufe gebildet. Am markantesten ragt die »Treppenstufe« der Alb ins Land: Schroff und steil von Westen her, oben auf der Hochfläche sanft und fast eben nach Südosten zur Donau geneigt.

Übrigens: Westlich des Rheins, beginnend mit den Vogesen, verlaufen die Schichtstufen in entgegengesetzter Richtung.

Ammonitfossil auf der Alb

Schwäbische Alb sind die Wacholderheiden, entstanden durch die frühere Schafbeweidung: Die Tiere lassen die unbequemen stacheligen Pflanzen stehen, während sie Gräser, Kräuter und Baumschösslinge abfressen. Viele dieser Wacholderheiden stehen unter Naturschutz. Auch auf dem ehemaligen Truppenübungsplatz der Stadt Münsingen haben sich ganz seltene natürliche Lebensräume für Tiere und Pflanzen erhalten. In jüngster Zeit wurden in der Region wieder Albbüffel-Herden angesiedelt, und auch die Araberhengste des Gestüts Marbach und seiner Nebenstellen gehören zum Bild der Schwäbischen Alb.

UNESCO-Geopark Schwäbische Alb

2005 wurde die Schwäbische Alb als Globaler Geopark in die UNESCO-Liste aufgenommen und gleichzeitig als Europäischer Geopark anerkannt. Zudem strebt die Landesregierung Baden-Württemberg bis 2009 die Anerkennung eines 85 000 ha großen Albgebietes als UNESCO-Biosphärenreservat an. Dabei handelt es sich um eine Modellregion, in der erfolgreicher Umweltschutz mit der sozialen und wirtschaftlichen Entwicklung verknüpft werden soll. Beispielhaft ist dabei die Mittlere Schwäbische Alb mit dem Albvorland, geprägt von blühenden Streuobstwiesen, von Wanderschäfern gepflegten Wacholderheiden und sattgrünen Buchenwäldern (www.biosphaerengebiet-alb.de).

Kunst und Kultur

Architektur

Zwischen Neckar und Donau, zwischen Stuttgart und Ulm haben alle Epochen der Baugeschichte ihre Spuren hinterlassen – angefangen bei den Resten keltischer Fliehburgen und römischer Kastelle. Aus der romanischen Zeit sind besonders im Kernland der Staufer, dem Ostteil der Schwäbischen Alb, einige Leckerbissen für Kunstfreunde erhalten: Stilreine romanische Kirchen locken beispielsweise in Göppingen-Faurndau, Schwäbisch Gmünd oder Sontheim an der Brenz.

Von der Gotik zur Renaissance

Die eindrucksvollsten Kirchenbauten stammen aus gotischer Zeit: unübertroffen das Ulmer Münster. Als südwestdeutsche Sonderform entstanden in der Hochgotik die Hallenkirchen, zu deren schönsten das Heilig-Kreuz-Münster in Schwäbisch Gmünd zählt.

Einer der Stararchitekten der Renaissance in Deutschland war der Württembergische Hof- und Landesbaumeister Heinrich Schickhardt (1588–1634). Unter seiner Leitung entstanden in Stuttgart Prinzenbau und Fruchtkasten, in Esslingen die berühmte Fassade des ursprünglich gotischen Alten Rathauses und in Tübingen das Untere Schlosstor im Stil eines Triumphbogens. Auch dem Baumeister Aberlin Tretsch gelang mit dem Arkadenhof des Stuttgarter Alten Schlosses ein großer Wurf.

Barock à la Versailles

Nach den Schrecken des Dreißigjährigen Krieges setzte eine neue kulturelle Blüte ein, besonders im 18. Jh., der späten Barockzeit. Nach dem Vorbild des für ganz Europa maßgeblichen Schlosses von Versailles entstanden prachtvolle Residenzen, allen voran Schloss Ludwigsburg und das Stuttgarter Neue Schloss.

Schloss Solitude war einst Jagdschloss von Herzog Carl Eugen

Zum anderen greift der verspielte oberschwäbische und Vorarlberger Barockstil in diese Region über, der vor allem im Süden und Osten der Schwäbischen Alb Kirchenbauten in üppigen Formen und Farben hinterlässt, etwa die Wallfahrtskirche auf dem Schönenberg in Ellwangen und etliche Klosterkirchen wie Neresheim, Zwiefalten und Obermarchtal.

Der Kursaal in Bad Cannstatt war lange Zeit Badeanstalt, in der im 19. Jh. sogar gekrönte Häupter ein und aus gingen

Vom Klassizismus zur Neuzeit

Klassizistische Baudenkmäler sind eher selten zu finden, schöne Beispiele sind z. B. die Stadtkirche St. Jakobus in Hechingen oder der Kursaal in Stuttgart-Bad Cannstatt, ein Werk des Hofbaumeisters von König Wilhelm I., Nikolaus von Thouret.

Im 20. Jh. schufen neue Zeiten neue Stile. Paul Bonatz (1877–1956) plante nicht nur den Stuttgarter Hauptbahnhof, sondern begründete auch den Ruf der Stuttgarter Architektenschule, die zwar den Historismus verwarf, sich mit dem Ideenkonzept der Bauhaus-Bewegung aber auch nicht anfreunden konnte und die 1927 auf dem Killesberg entstehende Weißenhofsiedlung heftig kritisierte. Diese jedoch erwies sich international als richtungsweisend für jene Zeit. Sie wurde als Modellsiedlung des Werkbundes geplant, an der u. a. Mies van der Rohe, Le Corbusier und Walter Gropius mitwirkten. Das einzigartige Konzept dokumentiert das **Weißenhofmuseum** › S. 71 im Haus Le Corbusier.

Einen architektonischen Höhepunkt bildet der Stuttgarter Fernsehturm (1956) von Fritz Leonhardt und Erwin Heinle – weltweit der erste seiner Art (Jahnstr. 120, www.fernsehturmstuttgart.com, tgl. 9–23 Uhr, U15, U7, U8 Ruhbank). Ende des 20. Jhs. entstanden Werke internationaler Stararchitekten: die Stuttgarter Neue Staatsgalerie und die Musikhochschule von James Stirling und das Ulmer Stadthaus von Richard Meier.

Ästhetik und Funktionalität des 21. Jhs. auf höchstem Niveau vereint die 2007 eröffnete neue Landesmesse in Stuttgart. Das Amsterdamer Architektenbüro UN Studio stellte Mercedes-Benz ein Museum in die

Ein Ort der Ruhe ist der Hoppenlau-Friedhof in Stuttgart. Dort wurden im 19. Jh. viele bekannte Literaten bestattet

Stadt, wie es die Welt noch nicht gesehen hat, wo sich der Fußboden zur Wand hochkurvt und diese sich als Betonwelle in die Decke biegt. Ein weiteres Großprojekt ist **Stuttgart 21** › S. 58: Der Stuttgarter Hauptbahnhof wird unter die Erde verlegt und oben entsteht in den nächsten zwei Jahrzehnten ein neuer hypermoderner Stadtteil.

Stuttgart muss sich nicht über Architektenmangel beklagen, denn es sind dort mehr niedergelassen als z. B. in ganz Frankreich. So sitzt hier das renommierte Büro Behnisch Architekten und auch der Stuttgarter Ingenieur Werner Sobek steht für aufregende Konstruktionen.

Malerei und Plastik

Auf rund 35 000 Jahre werden jene aus Mammut-Elfenbein geschnitzten Tierfiguren datiert, die in der **Vogelherdhöhle** › S. 138 auf der Schwäbischen Alb gefunden wurden. Damit gehören sie zu den ältesten bislang bekannten kunsthandwerklichen Gegenständen der Erde. 2500 Jahre alt sind die 1977 im Grab eines Keltenfürsten bei Hochdorf entdeckten kostbaren Gold- und Metallarbeiten.

Aus der Zeit der Romanik und Gotik sind wunderbare Steinplastiken erhalten. Furchterregende Fabelwesen lassen sich in dem reichen Skulpturenschmuck der Johanniskirche von Schwäbisch Gmünd entdecken. Einen besonderen Rang in der Spätgotik nimmt die Ulmer Schule ein, die ins gesamte Gebiet Süddeutschland ausstrahlte. Ihren Ruf begründeten Hans Multscher, Jörg Syrlin Vater und Sohn, Gregor und Michel Erhart sowie Daniel Mauch.

Die Stuttgarter Kunstakademie

Einen Meilenstein in der Geschichte der Stuttgarter Kunstakademie bildete die Berufung Adolf Hölzels (1853–1934). Unter seinen Schülern ragte Oskar Schlemmer (1888–1943) hervor, der neben abstrakter Malerei auch Figurinen zu seinem berühmten Triadischen Ballett entwarf, die in der Neuen Staatsgalerie zu bewundern sind. Am bekanntesten ist wohl sein Gemälde »Bauhaus-Treppe« (im Museum of Modern Art, New York). Hölzel-Schüler waren auch Willi Baumeister (1889–1955) als Vertreter der gegenstandslosen Malerei und HAP (Helmuth Andreas Paul) Grieshaber (1909–1981), der große Holzschneider von der Achalm bei Reutlingen. Heute werden hier Studiengänge in den Bereichen Bildende Kunst, Architektur, Wissenschaft und Design angeboten (www.abk-stuttgart.de).

Literatur

Zur Begegnung mit einigen Persönlichkeiten vergangener Tage lädt nahe der Stuttgarter City der stimmungsvolle klassizistische Hoppenlau-Friedhof ein. Wilhelm Hauff, C. F. D. Schubart und Gustav Schwab fanden hier ihre letzte Ruhestätte. Zwischen dem Neckarland und der Schwäbischen Alb sind entlang der »Deutschen Dichterstraße« unzählige literarische Museen und Gedenkstätten zu entdecken. In Stuttgart lockt das Hegel-Haus › S. 68, in dem der Philosoph das Licht der

Echt gut!

Stuttgart und die Alb literarisch entdeckt

- Drei Frauen, drei Lebensalter, drei Städte: In Matthias Polityckis witzig-ironischem **Weiberroman** erfährt der Held seine éducation érotique u. a. in Stuttgart. Luchterhand, München, 1999.
- Der einzelgängerische Wiener Privatdetektiv ist inzwischen in Stuttgart gelandet und zeigt zusammen mit seinem Hund Lauscher, was ein **Sturer Hund** ist. Im zweiten Teil seiner satirischen Cheng-Krimis läuft Heinrich Steinfest zu Hochform auf und schickt seine Helden zum spektakulären Show-down auf den Fernsehturm. Piper, München, 2007.
- Auch Wolfgang Schorlaus spannende Politkrimis haben ihren Ausgangspunkt in Stuttgart, ohne dass es um Lokalpolitik geht. Überaus empfehlenswert ist z. B. **Die blaue Liste**. Kiepenheuer & Witsch, Köln, 2005.
- Mit dem Roman **Lichtenstein**, um die Fehde zwischen dem schwäbischen Bund und dem württembergischen Herzog Ulrich, begründete Wilhelm Hauff 1826 den Historischen Roman. Er spielt u.a. in der Nebelhöhle und auf Schloss Lichtenstein. Diogenes-Verlag, Zürich, 2006.
- **Rulaman der Steinzeitheld** ist eine naturgeschichtliche Erzählung, die von der Zeit der Höhlenmenschen erzählt. Sie erschien erstmals 1878 und spielt im Gebiet der Alb. David Friedrich Weinland, Ernst Wasmuth Verlag, Tübingen – Berlin, 2004.

Schöne Umgebung für grandiose Inszenierungen: Staatsoper Stuttgart

Welt erblickte. Auf den Spuren des Dichters Hölderlin kann man in Tübingen › S. 102, Nürtingen und Lauffen am Neckar wandeln.

In Stuttgart gibt es nicht nur ein Schriftstellerhaus, in dem internationale Autoren zu Gast sind, sondern hier leben und schreiben auch bekannte Autoren wie der Krimi-Autor Wolfgang Schorlau (»Blaue Liste«), der gebürtige Wiener Heinrich Steinfest, ebenfalls im Krimi-Genre tätig, und der Romancier Hanns-Joseph Ortheil (»Die große Liebe«).

Konzert, Oper, Musical

Im Reich der schönen Töne kann die Region Stuttgart mit Angeboten der Spitzenklasse aufwarten: Ballett auf höchstem Niveau tanzt die berühmte Stuttgarter Compagnie, deren Tänzer oft aus der ebenfalls hier ansässigen John Cranko Schule kommen. Internationale Erfolge verbuchen auch Philharmoniker und Kammerorchester. Die Stuttgarter Oper › S. 56 wurde 2006 zum sechsten Mal zur »Oper des Jahres« in Deutschland gewählt. Herausragende Ereignisse sind zudem das Europäische Musikfest der Bachakademie (www.bachakademie.de), die Konzerte der Internationalen Hugo-Wolf-Akademie Stuttgart (www.hugo-wolf-akademie.de) oder die Ludwigsburger Schlossfestspiele (www.schlossfestspiele.de). Stuttgart ist auch Musicalstadt: Im SI-Centrum › S. 74 laufen zwei aufwendig inszenierte Stücke. 2009 sind es »Wicked – Die Hexen von Oz« und »We Will Rock You«.

Feste und Veranstaltungen

Cannstatter Wasen

Was den Münchnern die Wiesn, ist den Stuttgartern ihr Wasen: das Cannstatter Volksfest, das jedes Jahr ab Ende September über die Bühne geht und hinter dem bajuwarischen Mega-Bier-Marathon den zweiten Platz der deutschen Volksfest-Hitliste belegt. 16 Tage lang lockt der Publikumsmagnet Millionen von Besuchern aus aller Welt in die Bier- und Weinzelte. Viele Dutzend immer sensationeller werdende Fahrgeschäfte bieten jede nur denkbare Art des Nervenkitzels. Für nostalgische Gefühle sorgen Kettenkarussell und Riesenrad. Farbenfrohe Akzente auf dem bereits 1818 von König Wilhelm I. nach einer Hungersnot gestifteten Volksfest setzen der Umzug mit prächtigen Brauereiwagen sowie ein großes Feuerwerk. Ein kleineres Pendant ist das zweiwöchige Frühlingsfest im April ebenfalls auf dem Cannstatter Wasen (www.cannstatter-volksfest.de, Mo–Fr 12–23 Uhr, Sa, So ab 11 Uhr, Anfahrt: Am besten, Sie kommen ohne Auto zum Cannstatter Volksfest, S- und U-Stadtbahnen halten in unmittelbarer Nähe. Ⓢ 1, Ⓢ 2, Ⓢ 3 und Ⓤ 1, Haltestelle Bad Cannstatt).

Stuttgarter Weindorf

Von Ende August bis zum ersten Sonntag im September dreht sich in der Schwabenmetropole (fast) alles um den Rebensaft: Das Stuttgarter Weindorf ist seit über 30 Jahren zu einem wichtigen Termin für alle Weinfreunde der Region und darüber hinaus geworden. Auf dem Markt- und Schillerplatz rund um das Alte Schloss werden 12 Tage lang in über 120 Weinlauben mehr als 350 Württemberger Weine ausgeschenkt. Kulinarisch stehen vor allem schwäbische Spezialitäten auf dem Plan: Maultaschen, Schupfnudeln und Kässpätzle.

Ulmer Schwörwoche und Fischerstechen

Jedes Jahr Mitte Juli steht Ulm Kopf, denn es ist Schwörwoche. Ein buntes Veranstaltungsprogramm begleitet die Festtage, deren Höhepunkt der »Schwörmontag« ist, an dem Ulms Oberbürgermeister den Bürgern gerechtes Stadtregiment schwört. Am Nachmittag beginnt dann das

Feuerwerk auf dem Wasen

»Nabada«, der große, bunte Wasserfestzug auf der Donau mit aufwendig gestalteten Booten, die in ihrer Gestaltung die hohe Politik oder das kommunale Geschehen karikieren. Dazu kommen zahllose Bürger in waghalsigen Eigenkonstruktionen, die auf der Donau »hinunterbaden«.

Alle vier Jahre findet zusätzlich das Fischerstechen statt (12. und 19. Juli 2009 und wieder 2013). Es geht auf das 15. Jh. zurück. Nach einem historischen Umzug treten auf der Donau 15 Stecherpaare gegeneinander an. In schmalen Booten, den so genannten Zillen, fahren die Kontrahenten aufeinander zu und versuchen, sich gegenseitig mit Speeren ins Wasser zu stoßen (www.tourismus-ulm.de).

Weihnachtsmärkte – modern und historisch

Rund 300 Jahre – mit einigen Unterbrechungen – reicht die Tradition des Stuttgarter Weihnachtsmarkts zurück, der sich im letzten Jahrzehnt zu einem Publikumsmagneten entwickelt hat. Die gesamte Adventszeit hindurch drängen sich die Besucher durch die Budenstraßen auf einem der größten Märkte Europas. Unter den Beschickern entbrennt fast ein Wettbewerb um die am stimmungsvollsten mit Tannenzweigen, Kugeln, Engeln oder Weihnachtsmännern geschmückten Holzhäuschen. Im Angebot sind Christbaumschmuck, Spielzeug, Holzarbeiten und Kunstgewerbe – und natürlich Glühwein, Bratäpfel und andere Leckereien. Für Kinder sind am Schlossplatz ein »Märchenland« mit nostalgischen Fahrgeschäften und eine Theaterbühne mit täglichen Vorstellungen aufgebaut

Der Stuttgarter Weihnachtsmarkt auf dem Schillerplatz vor der Stiftskirche

(www.stuttgarter-weihnachtsmarkt.de, Mo–Sa 10–21, So 11–21 Uhr). Auch viele andere Städte und Gemeinden der Region haben Weihnachtsmärkte, die zwischen einem Wochenende und vier Wochen dauern. In Esslingen findet parallel zum Weihnachtsmarkt auf dem stimmungsvollen Marktplatz (erstes Adventswochenende bis zum 22. Dezember) auch ein Mittelaltermarkt auf dem benachbarten Rathausplatz statt. Wie vor vielen hundert Jahren bieten hier Händler lautstark ihre bunten Waren feil. Im Schein flackernder Fackeln unterhalten außerdem Gaukler und Musikanten ein staunendes Publikum. Durch die imposante mittelalterliche Fachwerkkulisse der Stadt und die ausgesucht gute Qualität der Angebote herrscht hier eine ganz besondere Atmosphäre (www.mittelalterliches-esslingen.de, tgl. 11–20 Uhr).

Festkalender

Januar: **Kalter Markt**. großer Pferdemarkt in Ellwangen (www.kaltermarkt.de).

Februar: Festival der schrägen Töne mit **Guggenmusik** in Schwäbisch Gmünd.
Zweiter Montag: **Pferdemarkt** mit Volksfest in Gaildorf.

Mai: Bebenhäuser **Klosterkonzerte** (bis Sept.).
Schlosskonzerte in Haigerloch.
Historischer Schäferlauf in Heidenheim.

Juni: **Französische Filmtage** (www.filmtage-tuebingen.de).
Stocherkahnrennen rund um die Platanenallee in Tübingen.
Konzertreihe **Europäische Kirchenmusik** in Schwäbisch Gmünd (bis Sept., www.kirchenmusik-festival.de).

Juli: Erstes Wochenende: **Schwörtag** und Bürgerfest in Esslingen mit Veranstaltungen in der Innenstadt.
Drittes Wochenende **Schwörtag** und Nabada (»Hinunterbaden«) mit Wasserfestzug in Ulm, 2009 und 2013 mit **Fischerstechen** (www.schwoermontag.com).
Heidenheimer **Opernfestspiele** (www.opernfestspiele.de).
Tübinger Stadtfest in der Innenstadt und im Botanischen Garten (ungerade Jahre).
Schäferlauf in Bad Urach (ungerade Jahre).
Viva Afro Brasil Festival in Tübingen (www.viva-afro-brasil.de)

August: **Zwiebelfest** in Esslingen mit kulinarischen Genüssen (www.esslinger-zwiebelfest.de).
Stuttgarter Weindorf: über 350 Weine und schwäbische Gerichte (www.stuttgarter-weindorf.de).

September: **Reichsstädter Tage**, Stadtfest in Aalen.
Umbrisch-provenzalischer Markt in Tübingen.
Oldtimer-Fliegertreffen in Kirchheim unter Teck (ungerade Jahre, www.oldtimer.wolf-hirth.de).
Cannstatter Volksfest (www.cannstatter-volksfest.de).

Dezember: Stuttgarter **Weihnachtsmarkt** mit Märchenland, Esslinger Weihnachts- und Mittelaltermarkt, Ludwigsburger Barock-Weihnachtsmarkt.
Weitere Veranstaltungstermine: www.tourismus-bw.de

Essen und Trinken

Echt gut!

Auf zum »Vierteles schlotzen«!

■ **Klösterle**
Marktstr. 71][Bad Cannstatt
Tel. 07 11/56 89 62
Rustikale Weinstube im mittelalterlichen Beginenkloster. Hier serviert man traditionelle Küche: Kässpätzle, zartes Ochsenfleisch in Brühe und Rostbraten. (Mo–Fr ab 17 Uhr). ●●

■ **Kochenbas**
Immenhofer Str. 33][Stuttgart
Tel. 07 11/60 27 04
www.kochenbas.de
Hier hockt man gemütlich dicht an dicht bei Maultaschen, Nierle oder Rostbraten und schwäbischem Wein. Netter Garten (Mo Ruhetag). ●●

■ **Weinstube Fröhlich**
Leonhardstr. 5][Stuttgart
Tel 07 11/24 24 71
www.weinstube-froehlich.de
An Holztischen unter Kassettendecke lässt es sich stilvoll tafeln und trinken. Schwäbische und mediterrane Küche – alles frisch handgemacht. Garten im Hinterhof (tgl. 17.30–0.30 Uhr). ●●

■ **Kiste**
Kanalstr. 2][Stuttgart
Tel. 07 11/553 28 05
www.kiste-stuttgart.de
Stuttgarts älteste und honorigste Weinstube ist in einem uralten und engen Fachwerkhaus untergebracht. Hier muss man zusammenrutschen (Mo–Fr 17–24, Sa 11.30–24 Uhr). ●●

■ Urig im ehemaligen Stadtturm Stuttgarts: **Schellenturm** › S. 61. ●●

Der »Spätzle-Äquator« ist auf keiner Landkarte zu finden, und dennoch beginnt dahinter das Territorium der schwäbischen Küche – dort, wo die rechtschaffene Hausfrau ihre Spätzle noch locker aus dem Handgelenk vom Brett ins siedende Wasser schabt. Oder es zumindest könnte, wenn sie wollte. Und noch immer heißt das beliebteste Sonntagsessen in der Stadt und vor allem auf dem Land: Gemischter Braten, Spätzle mit viel Soße, grüner Salat und Kartoffelsalat.

Die schwäbische Küche ist nicht unbedingt raffiniert, hält nichts von aufgesetztem Schnickschnack – dafür ist beste Qualität von Fleisch und Gemüse Ehrensache. Natürlich finden auch verwöhnte Feinschmecker im Ländle reichlich Spitzengastronomie. Das ist allerdings ein anderes Thema – hier ist von guter Hausmannskost die Rede.

Und was trinkt man gern?

Die Region um Stuttgart sowie die Schwäbische Alb können mit guten Weinen, kräftigem Most und Obstsäften aufwarten. Während auf der Alb die Äpfel und Birnen gedeihen, reifen die roten und grünen Trauben an den Ufern von Neckar und Rems. Über die Schwaben wird gesagt, dass sie ihren Wein am liebsten selbst trinken, weshalb so wenig in andere Bundesländer exportiert wird. Da ist was dran. Allerdings ist der süffige Trollinger auch nicht jedermanns Sache.

Trotzdem liegt von den roten Rebsorten der fruchtig-leichte Trollinger mengenmäßig an der Spitze, gefolgt von Schwarzriesling, Lemberger und Spätburgunder. Beim Weißwein dominieren Riesling, Kerner, Grauburgunder und Müller-Thurgau.

Urschwäbisches aus Topf und Pfanne

Spätzle: Gesalzener Teig aus Eiern und Weizenmehl sowie Wasser bildet die Grundlage für die Nationalspeise. Eigenhändig vom Brett geschabt, ist sie der Stolz der Schwäbinnen.

Bubespitzla: Kleinfingerdicke Würste aus gekochten und rohen Kartoffeln mit Ei und Gewürzen, in Salzwasser gegart und in Fett gebräunt. Sie werden zu Braten oder Sauerkraut gereicht.

Maultaschen: Die Teigtaschen wurden einst zur Fastenzeit als Mogelpackung erfunden, um das Fleisch zu verstecken. Die Füllung birgt Hackfleisch, Spinat und Kalbsbrät.

Schwäbischer Rostbraten: Gut angebratene mindestens 2 cm dicke Scheiben Rumpsteaks mit viel Röstzwiebeln drauf.

Gaisburger Marsch: Kräftiger Eintopf aus Fleischbrühe, Suppengrün, Ochsenfleisch, Kartoffeln und Spätzle.

Saure Nierle und Leber: In Streifen geschnitten, angebraten und in einer Sauce mit Essig gekocht.

Echt gut!

Zur Schönen Aussicht

■ **Höhencafé Killesberg**
Thomastraße 101][Stuttgart
Tel. 07 11/256 05 20
www.hoehencafe.de
Mitten im Park mit Sommerterrasse (im Sommer tgl. ab 11 Uhr) › S. 63.

■ **Teehaus Weißenburgpark**
Hohenheimer Str. 119][Stuttgart
Tel. 07 11/236 73 60
www.teehaus-stuttgart.de
Reizender Jugenstil-Pavillon (März bis Okt. tgl. 11–13 Uhr) › S. 70.

■ **Tschechen & Söhne**
Humboldtstr. 44][Stuttgart
Tel. 07 11/284 68 78
www.marshallbar.com
Vesper an Biertischen auf der Karlshöhe (Sommer tgl. 11–24 Uhr) › S. 69.

■ **Fernsehturm**
Jahnstraße 120][Stuttgart
Tel. 07 11/236 32 40
www.fernsehturmstuttgart.com
Vom Panoramacafé blickt man weit ins Land (tgl. 11–23 Uhr) › S. 69/70.

■ **Burg Hohenneuffen**
Neuffen][Tel. 070 25/22 06
www.hohenneuffen.de
Restaurant mit Sonnenterrasse (April–Okt. Mi–Sa 9–22, So 9–19, sonst Mi–So 10–18 Uhr) › S. 96.

■ **Burg Teck**
Teckstr. 100][Owen/Teck
Tel. 070 21/552 08
www.burg-teck-alb.de
Mit schönem Blick ins Albvorland (Mi–Sa 10–22, So 9–18 Uhr) › S. 94.

■ **Burgschänke Rechberg**
Rechberg][Tel. 071 71/434 19
www.burgschaenke-rechberg.de
Deftige Pfannkuchen, Waffeln und Kuchen (Di–So ab 11 Uhr) › S. 90.

Special

1000 Jahre Weinkultur

»Kenner trinken Württemberger«, diesen Slogan nehmen die Schwaben schon lange wörtlich und konsumieren daher den größten Teil des in der Weinbauregion erzeugten Rebensaftes selbst, lassen aber selbstverständlich auch die Besucher im Ländle an ihrem Genuss teilhaben. In der Region Stuttgart ranken die Reben an den Hängen des Neckar- und des Remstals und bis zum Rand der Schwäbischen Alb.

Stuttgart – ein riesiges Weindorf

In keiner anderen deutschen Großstadt ist der Weinbau so präsent wie in der Landeshauptstadt, wächst doch der Wein auch heute noch am Kriegsberg fast bis zum Hauptbahnhof hin; der Löwenanteil der Reben gedeiht allerdings an den Hängen der Stuttgarter Weingemeinden Bad Cannstatt, Ober- und Untertürkheim, Uhlbach und Rotenberg, Hedelfingen und Rohracker. Weinlehrpfade und geführte Wanderungen durch das Rebland machen mit der Weinkultur der Region Stuttgart vertraut. Zum Verkosten der guten Tropfen hat man außerdem auf den Feiern – vom großen Stuttgarter Weindorf › S. 39 bis zu diversen Kelterfesten im Herbst – reichlich Gelegenheit (i Punkt, Tel. 07 11/22 28-0, www.stuttgart-tourist.de).

Esslingen – Wein seit über 1200 Jahren

Die Geschichte des Esslinger Weinbaus ist so alt wie die der Stadt – und das sind mehr als 1200 Jahre. Früher wurde der heiß begehrte Esslinger Wein bis nach Böhmen und zum Kloster St. Denis bei Paris geliefert. Heute gedeihen auf Esslinger Gemarkungen noch auf rund 100 Hektar Rebfläche Rotweine wie Trollinger, Lemberger,

Spätburgunder; beim Weißen vor allem Riesling und Silvaner, aber auch Kerner oder Grauburgunder. Eine prickelnde Esslinger Erfolgsgeschichte schreibt seit über 180 Jahren die Firma Kessler, Deutschlands älteste Sektkellerei. Das Geheimnis der Champagnerherstellung brachte G. Ch. Kessler direkt von Veuve Clicquot in Reims an den Neckar.

In den historischen Räumen der Sektmanufaktur Kessler lässt es sich wunderbar unter dicken Balken und Ahnenbildern bei einem Gläschen prickelnden Schwaben-Schampus entspannen. Der samstägliche Treff nach dem Marktbummel hat bereits Kultstatus entwickelt. (Marktplatz 21–23, Tel. 07 11/310 59 30, www.kesslersekt.de, bei gutem Wetter Sa 10–16 Uhr auch im Zehntkellerhof). Zum In-Treff mit Sektbar entwickelte sich auch das neue Kessler-Karre am Rathausplatz 18 (Mo–Fr 11–19, Sa 10–16 Uhr).

Wink mit dem Besen

Was andernorts Buschen- oder Straußenwirtschaft genannt wird, ist den Schwaben ihr »Besa«, die Besenwirtschaft. Hier dürfen die Winzer ohne spezielle Konzession Weine aus eigenem Anbau ausschenken, meist in Etappen von mehreren Wochen zwischen September und April. Dann rüstet der Wengerter seine Privaträume zum Besa um und kredenzt vom Fass. Als solide Grundlage wird dazu Deftiges serviert. Wo der Reisigbesen zur Einkehr winkt, ist es grundsätzlich rappelvoll. Da die Öffnungszeiten jedes Jahr etwas variieren, empfiehlt es sich vorher anzurufen.

Weinbaumuseum

Über den Württemberger Wein informiert das Weinbaumuseum der Stadt Stuttgart in der Alten Kelter in Uhlbach (Tel. 07 11/32 57 18, www.stuttgart-tourist.de, April–Okt. Sa 14–18, So und Fei 10–18 Uhr).

Besenwirtschaften

- **Booskop's Besen Weingut Bauer**
Auf der Steig 33
Bad Cannstatt
Tel. 07 11/54 58 55
www.weingut-bauer-boskoop.de
Mitte Nov.–Mitte Dez., Mitte Jan. bis Mitte März.

- **d' Besa am Kelterplätzle**
Strümpfelbacher Str. 40
Untertürkheim
Tel. 07 11/33 14 22
www.weinhof-zaiss.de
Mitte Okt.–Anfang Dez., Ende Jan. bis Mitte März; uriger historischer Gewölbekeller.

- **Weingut Diehl**
Württembergstr. 203
Untertürkheim
Tel. 07 11/33 40 51
www.weingut-diehl.com
Nov.–Dez., Jan.–Mitte März; mitten in den Weinbergen mit Terrasse.

- **Zum Dreimädelhaus**
Weingut Fritz Currle
Tiroler Str. 17
Uhlbach
Tel. 07 11/32 24 51
www.weingut-currle.de

Grabkapelle Rotenberg

Mitte Febr.–Mitte März, Mitte Okt.–Mitte Nov.; schöne Weinberglage.

■ **Beutaubesen Weingut Bayer**
Mittlere Beutau 49][Esslingen
Tel. 07 11/35 64 19
www.weingut-bayer-esslingen.de
Mitte Nov.–Mitte Dez.; Wohnzimmer-Atmosphäre in einem historischen Weingärtnerhaus, wenige Gehminuten vom Marktplatz entfernt.

Weinlokale

■ **Zaiss**
Erbsenbrunnengasse 5
Bad Cannstatt
Tel. 07 11/56 38 27
www.weinstube-zaiss.de
Di–Sa 11–24 Uhr; montags Livemusik

■ **Zur Kiste**
Kanalstr. 2
Stuttgart
Tel. 07 11/24 40 02
www.zur-kiste.de
Mo–Fr 17–24, Sa 11.30–24 Uhr
Älteste Stuttgarter Weinstube.

■ **Weinstube Fröhlich**
Leonhardstr. 5
Stuttgart-Mitte
Tel. 07 11/24 24 71
www.weinstube-froehlich.de
Mo–So 17.30–0.30; rustikal mit blankgescheuerten Holztischen, idyllischer Garten im Hinterhof.

■ **Weinstube Löwen**
Trollingerstr. 4
Stuttgart-Uhlbach
Tel. 07 11/326 03 22
www.weinstube-loewen.de
Traditionslokal in der Nähe des Weinbaumuseums.

Weinverkauf direkt...

gibt es bei rund 30 Stuttgarter Genossenschaften und privaten Erzeugern, z. B.:

■ **Weingärtnergenossenschaft Bad Cannstatt**
Rommelstr. 20
Tel. 07 11/54 22 66
www.wg-cannstatt.de

■ **Weingärtnergenossenschaft Obertürkheim**
Uhlbacher Str. 42
Tel. 07 11/33 63 81-0
www.obertuerkheimer-wein.de

■ **Collegium Wirtemberg Weingärtner Rotenberg & Uhlbach Kelter Rotenberg**
Württembergstr. 230
Tel. 07 11/33 76 10 und
Kelter Uhlbach
Uhlbacher Str. 221
Tel. 07 11/32 27 78
www.collegium-wirtemberg.de

■ **Weingärtner Esslingen e. G.**
Lerchenbergstr. 16
Ortsteil Mettingen
Tel. 07 11/918 96 20
www.weingaertner-esslingen.de

■ **Weingut Kusterer**
Untere Beutau 44
Esslingen
Tel. 07 11/35 79 09
www.weingut-kusterer.de

Shopping in Stuttgart

Stuttgarts Einkaufsmeilen, schicke Passagen, angesagte Boutiquen und Designläden verführen nicht nur Stuttgarter zu ausgiebigem Shoppingbummel. Mit der belebten, über einen Kilometer langen Königsstraße bietet die Stadt die längste Flaniermeile Europas. Hier und in den Nachbarstraßen, um den Schloss- und den Marktplatz gibt es alles, was das Shopperherz begehrt: große Kaufhäuser neben Marken- und Designershops, Buch- und Musikläden, Mode, Schmuck und Schnickschnack.

Und für die pflastermüden Füße und knurrenden Mägen finden sich jede Menge Cafés, Restaurants oder kleine Kneipen für den schnellen Imbiss zwischendurch. Insbesondere an und auf dem Kleinen Schlossplatz gibt es mit dem Feinkostladen Böhm, dem Edel-Italiener Oggi und der bei Szene und Familien beliebten Suppenküche und Sandwichbar Sans ein »Bermuda-Dreieck«.

In der Innenstadt haben die großen Geschäfte in der Regel durchgehend geöffnet: Mo–Sa von 10–20 Uhr.

■ Markthalle

Dorotheenstr. 4][Stuttgart
Tel. 07 11/48 04 10
www.maerkte-stuttgart.de

Unbedingt mal durchschlendern und die mediterrane Atmosphäre genießen. Feinstes aus deutschen Landen reiht sich neben Köstlichkeiten rund ums Mittelmeer und Gewürzen aus aller Welt. Stuttgarter Hausfrauen kaufen da ebenso ein, wie die Gourmetköche der Region › S. 58.

Köstliche Düfte von Delikatessen aus aller Herren Länder durchziehen die Markthalle. Hier lohnt es sich auch nur durchzuschlendern

Mode bei Geschwisterliebe

Merz & Benzig
Markthalle][Stuttgart
www.merz-benzing.de
Die Einkaufsoase über der Stuttgarter Markthalle ist eine ausgesucht stilvolle Fundgrube für Dekoratives in Haus und Garten. Designmöbel, Antiquitäten und feine Stoffe, edles Silber, Glas und ein Country-Store, dazu eine Kinderabteilung, Beautyshop und die schönsten Blumensträuße vom Blumenhof Benzing.

Bernd Wolf an der Markthalle
Münzstr. 10][Stuttgart
www.berndwolf.de
Designerschmuck mit unverkennbarer Handschrift entsteht im Atelier von Bernd Wolf. Seine Kollektion von Seilcolliers und fantasievollen Armreifen aus hochwertigen Materialien finden weltweit Liebhaber.

Kaufhaus Breuninger
Marktstr. 1–3][Stuttgart
www.breuninger.de
Breuninger, das etwas andere Kaufhaus: Für die Stuttgarter ist »der Breuninger« am Marktplatz seit Generationen eine Institution, die aber auch von weit her einkaufsfreudige Besucher und Promis anzieht. Dieses traditionsreiche Kaufhaus bietet die heißesten Looks und Labels unter einem Dach – Mode, Schuhe, Dessous, Accessoires, Parfüms und vieles andere mehr. Neben riesiger Auswahl für den normalen Geldbeutel findet sich die Stuttgarter High Society in exquisiter Lifestyle-Atmosphäre bei den Shops von Gucci, Prada, Fendi oder Marc Jacobs ein. In der Passage lockt ein Café mit Kuchen und Snacks unter der Lichtkuppel.

Stilwerk
Königsstr. 26][Stuttgart
www.stilwerk.de
Direkt hinter den Königsbaupassagen schließt sich das neue Stilwerkhaus an – das vierte nach Hamburg, Berlin und Düsseldorf. Hier wird ein Angebot an Einrichtung, Design und Lifestyle hochwertiger Marken präsentiert, die sich von konventionellen Shopping-Zentren abheben.

Magazin
Lautenschlagerstr 16][Stuttgart
www.magazin.com
Seit 1971 ist das Magazin in Stuttgart eine Institution in Sachen funktional und intelligent gestalteter Möbel, Lampen und anderer Einrichtungsgegenstände. Das Produktsortiment umfasst alltagstaugliche Dinge, an denen man lange Freude hat – was auch ihren Preis rechtfertigt. Untergebracht ist im Laden auch ein umfangreiches Angebot des Versandhändlers Manufactum, der die »guten, alten Dinge« im Repertoire hat.

Viola Herrmann Schmuck
Paulinenstr. 16][Stuttgart
www.viola-hermann-schmuck.com
Die Goldschmiedemeisterin Viola Herrmann und der Gestalter Ralf Wiener

fertigen mit viel Experimentierfreunde formschönen, zeitlosen Schmuck – vor allem Ringe – in einer Technik aus Acryl und Metall mit tollen Farbwirkungen. Jedes Stück ist ein Unikat.

■ Marktstraße 8

Sophienstr. 41][Stuttgart
www.marktstrasse8.de

Freunde der extravaganten Mode, speziell der aus Japan, Belgien, Frankreich und Italien, sollten der Marktstraße 8 einen Besuch abstatten. In lässiger Atmosphäre stöbert man hier zwischen Kleidung, Schuhen, Gürtel, Schals und anderen ausgefallenen Accessoires.

■ Geschwisterliebe

Breitestr. 4][Stuttgart
www.freunde.loveacademy.de/geschwister/

Die Labels des hippen Modeshops stellen eine bunte Mischung aus bekannten internationalen Marken wie Nudie Jeans, Ed Hardy, 2K by Gingham oder Tiger of Schweden sowie Jungdesignern aus Stuttgart, London und Paris dar. Hier gibt es alles, was das junge Großstadtherz erfreut. Natürlich gibt es auch die szenigen Kreationen aus dem eigenen Hause Blutsgeschwister.

■ Boots by Boots

Gerberstr. 5 F][Stuttgart
www.bootsbyboots.de

Stiefelfans könnten bei Boots by Boots süchtig werden. Eine Riesenauswahl an Cowboy-, Biker- und Workerboots füllt die Lager ebenso wie Lederkleidung, flippige Gürtel und Hüte.

■ Sigrun Woehr Schuhe

Kirchstr. 12][Hirschstr. 4][Stuttgart
www.sigrun-woehr.de

Sigrun Woehr ist Stuttgarts Institution in Sachen Schuh. Gleich in zwei Läden am Marktplatz bietet sie Schuh-Couture vom allerfeinsten. Das größere Geschäft in der Kirchstraße bietet Damen und Herren Markenware von Prada, Miu Miu, Dior, oder Tod's. Und das als regelrechtes Schuhtheater inszeniert. Das ausgefallene Shopdesign präsentiert die Schuhe wie auf einer Bühne. In der Zweigstelle gibt es immer wieder reduzierte Stücke, die den Geldbeutel weniger strapazieren.

Ein regelrechtes Schuhteater inszeniert Sigrun Woehr in ihrem Laden

Unterwegs in Stuttgart und auf der Schwäbischen Alb

Entdecken Sie die einzelnen Reiseregionen – jeweils mit den schönsten Touren, allem Sehens- und Erlebenswerten, Hotel-, Restaurant-, Nightlife- und Shoppingtipps

Unterwegs in Stuttgart

Nicht verpassen!

- Auf dem Schlossplatz bei Eis oder Cappuccino die südlich-heitere Atmosphäre genießen
- In der Wilhelma dem knuddeligen Eisbär Wilbär zuschauen
- Vom Fernsehturm über die Stadt und das weite Land schauen
- Ein Bummel durch die spannenden Kunstausstellungen im Kunstmuseum und der Staatsgalerie

Zur Orientierung

Wer mit dem Auto über die Neue Weinsteige hinunter nach Stuttgart (590 500 Einw.) kurvt, der hat schon einen guten Überblick: Entlang der Straße neben den schönen Hanglagenvillen erstrecken sich die Weinstöcke und vor einem die Talmulde mit der Stadt. Rundum flankieren die grünen Hügelketten den Kessel, die eine Vorahnung auf die unglaublich vielen schönen Aussichtspunkte geben. Dazwischen haben die Stuttgarter und viele Zugezogene eine Heimat gefunden, in der es sich wunderbar leben lässt.

Auf unseren Touren lernen Sie Stuttgarts schönste Seiten kennen: Kunst, Kultur und Kulinarik, fast südliche Lebensfreude, Shopping- und Partymeilen, viel Grün in der Stadt und tolle Aussichtspunkte auf den Höhen. Vor allem aber ist hier hochkarätige Kultur zu Hause: Die Staatstheater vereinen Schauspiel, Oper und Ballett auf höchstem Niveau, auch Museen und Galerien spielen in der internationalen Liga.

Die wichtigsten historischen Bauten und Sehenswürdigkeiten, aber auch attraktive Shoppingmeilen sowie gut besuchte Bars und In-Locations konzentrieren sich auf das Herzstück der Stadt rund um Königstraße, Schloss- und Marktplatz. Eine Stuttgarter Besonderheit ist das »Grüne U«, eine mehrere Kilometer lange, ununterbrochene Kette an Parks und Grünanlagen mit Wasserspielen, die am Schlossplatz beginnt und in U-Form zum Höhenpark Killesberg führt. An der Strecke liegen einige der Mineralquellen, die im 19. Jh. den Ruf des Stuttgarter Stadtteils Bad Cannstatt als Heilbad und Sommerfrische des europäischen Hochadels begründet haben, sowie der berühmte botanisch-zoologische Park Wilhelma. Nicht zu vergessen: der Wein › S. 44. Da schlotzt man Viertele oder Achtele vom Cannstatter Zuckerle, Obertürkheimer Gips, Uhlbacher Götzenberg...

Vor dem Stuttgarter Kunstmuseum

Das Stuttgarter Rössle

Stuttgarts Stadtwappen, das auch die schwarz-gelbe Stadtflagge ziert, ist ein springendes Pferd, das Rössle. Damit hat es folgende Bewandtnis: Angeblich befand sich in den Niederungen des Nesenbachs, dem heutigen Stadtzentrum, um das Jahr 950 ein Stutengarten. Daraus leitet sich der Name Stuttgart ab, und folgerichtig wählten die Gründer eine Stute als Wappen. Heute ist Stuttgart wegen anderer Pferdestärken berühmt: den Boliden von Porsche, die ebenfalls das springende Pferd im Markenzeichen führen, und den Fahrzeugen der Nobelmarke Mercedes-Benz.

Touren in Stuttgart

Durch Stuttgarts Innenstadt

– 4 – Hauptbahnhof › *Schlossplatz › Schlossgarten › Kulturmeile › Markthalle › Stiftskirche › Tagblattturm › Altes Schauspielhaus › Karlshöhe

Länge: 3–4 Stunden
Praktischer Hinweis: Umfangreiches Material über Stuttgart und seine Region bekommen Sie gleich zu Beginn dieses Stadtspaziergangs im i-Punkt, der gegenüber dem Hauptbahnhof, am Beginn der Königstraße gelegen ist (s.u.).

Hauptbahnhof 1

Das bekannte Wahrzeichen der Stadt wurde unter Leitung von Paul Bonatz erbaut und 1927 fertiggestellt. Vom 56 m hohen Bahnhofsturm kann man die ganze Innenstadt überblicken und bekommt zudem einen Eindruck vom Großprojekt »Stuttgart 21« › S. 58 auf dem ehemaligen Bahngelände (Eintritt frei, Mo geschl.).

*Schlossplatz

Etwa in der Mitte der als Fußgängerzone gestalteten Flaniermeile Königstraße öffnet sich der Schlossplatz. Südliches Flair herrscht hier im Sommer: Die Straßencafés sind gut besucht, Sonnenhungrige lagern entspannt auf den Rasenflächen und Straßenmusikanten werben um Aufmerksamkeit. Das **Straßencafé Treppe** sowie die Stufen am höher gelegenen Kleinen Schlossplatz laden zum Relaxen und Leute gucken ein. An diesem repräsentativen Platz stehen einige der wichtigsten Bauwerke Stuttgarts.

Echt gu

*Neues Schloss 2

Der Hauptplatz mit der **Jubiläumssäule** in der Mitte entstand Ende des 18. Jhs. im Zusammenhang mit dem Bau des Neuen Schlosses. Dieses wurde 1746 im Stil des Spätbarock begonnen und 1806 in frühklassizistischer Manier beendet. Am schönsten wirkt der dem Platz zugewandte Mittelflügel mit seiner von Figuren bekrönten Fassade. In dem Gebäude sind heute Ministerien untergebracht.

*Altes Schloss 3

Völlig anders zeigt sich das Alte Schloss. Es entstand im 16. Jh. an der Stelle einer Wasserburg als ein Vierflügelbau mit den charakteristischen Rundtürmen der Renaissance. Berühmt ist sein Arkadenhof, erbaut nach Plänen von Aberlin Tretsch, in dessen schöner Kulisse im Sommer Hofkonzerte erklingen. Seit 1948 befinden sich die Sammlungen des **Württembergischen Landesmuseums** im Schloss › S. 68.

Karte Seite 56

Das Alte Schloss geht auf eine Wasserburg des 10. Jhs. zurück

Königsbau 4

Dem Neuen Schloss gegenüber schließt der Königsbau den Platz ab, ein Zeugnis spätklassizistischer Architektur mit einer Front ionischer Säulen. Unmittelbar dahinter liegt eine große Ladenpassage mit edlen Geschäften für Mode, Design und Lifestyle. Auch die Cafés dort sind beliebt.

1 **Kunstmuseum 5

Daneben macht der gläserne Würfel des 2005 eröffneten Kunstmuseums › S. 68 neugierig auf die Sammlung regionaler Künstler und die spannenden Wechselausstellungen mit zeitgenössischer Kunst. Tagsüber spiegelt sich das Neue Schloss in der Front, bei Dunkelheit wirkt der mächtige Kubus als Lichtskulptur.

Kunstgebäude 6

Zwischen dem Neuen Schloss und dem von einem goldenen Hirsch bekrönten **Kunstgebäude** › S. 68, das mit dem Württembergischen Kunstverein ein inhaltlich sehr ambitioniertes Programm bietet, öffnet sich ein Durchgang zum Schlossgarten.

Café

■ **Café Künstlerbund**
Am Schloßplatz 2
Tel. 07 11/227 00 36
Das beliebte Café mit Sonnenterrasse findet man im Kunstgebäude.

Restaurant

■ **Alte Kanzlei**
Schillerplatz 5a
Tel. 29 44 57
www.alte-kanzlei-stuttgart.de

Das gestylte Restaurant mit Terrasse liegt zwischen Schloss- und Schillerplatz. Hier wird kreative schwäbische und internationale Küche serviert und es gibt eine attraktive Weinbar (Montag Ruhetag). ●●

Schlossgarten

Im Schlossgarten bildet der Glaswürfel des **Landtags 7**, 1952 nach Gründung des Bundeslandes Baden-Württemberg erbaut, einen starken Kontrast zum **Opernhaus 8**, dessen Doppelsäulenreihe sich malerisch im Parksee spiegeln. Es wurde 1907 bis 1912 von Max Littmann als Mischung aus Rang- und Amphitheater erbaut und hat als einziger Repräsentationsbau in Stuttgart den Zweiten Weltkrieg unversehrt überstanden (Oberer Schloßgarten 3, Tel. 07 11/203 20, www.staatstheater-stuttgart.de/oper). Daneben liegt das moderne **Schauspielhaus 9**, ein Nachkriegsneubau aus Beton (Oberer Schloßgarten 6, Tel. 07 11/20 20 90 www.staatstheater.stuttgart.de/schauspiel).

Kulturmeile

Jenseits der Konrad-Adenauer-Straße, die als Kulturmeile gilt, reihen sich die postmoderne ****Staatsgalerie 10** › S. 67 des britischen Stararchitekten James Stirling, das im selben Stil erbaute ***Haus der Geschichte 11** › S. 67 mit seiner spannenden interaktiven Ausstellung zur Landesgeschichte, die **Hochschule für**

– 4 –
Unterwegs in Stuttgarts Innenstadt

1 Hauptbahnhof
2 Neues Schloss
3 Altes Schloss
4 Königsbau
5 Kunstmuseum
6 Kunstgebäude
7 Landtag
8 Opernhaus
9 Schauspielhaus
10 Staatsgalerie
11 Haus der Geschichte
12 Altes Waisenhaus
13 Markthalle
14 Stiftskirche
15 Rathaus
16 Tagblattturm
17 Altes Schauspielhaus
18 Haus der Wirtschaft
19 Liederhalle
20 Lapidarium / Karlshöhe

Karte Seite 56

Musik und Darstellende Kunst mit markantem Rundturm, die Landesbibliothek und das Wilhelmspalais mit Stadtbibliothek. Abgeschlossen wird die Meile am Charlottenplatz durch das **Alte Waisenhaus** **12** von 1705. Der niedrige Dreiecksbau bildet einen klaren Kontrast zu den jenseitigen modernen Bürogebäuden. Darin befindet sich u. a. das Institut für Auslandsbeziehungen mit seiner interessanten Galerie.

Restaurant

■ **Amadeus**

Charlottenplatz 17

Tel. 07 11/29 26 78

www.amadeus-stuttgart.de

Im Innenhof des Alten Waisenhauses gibt es Salate, kleine Gerichte, Apfelstrudel und schwäbische Küche. ●●

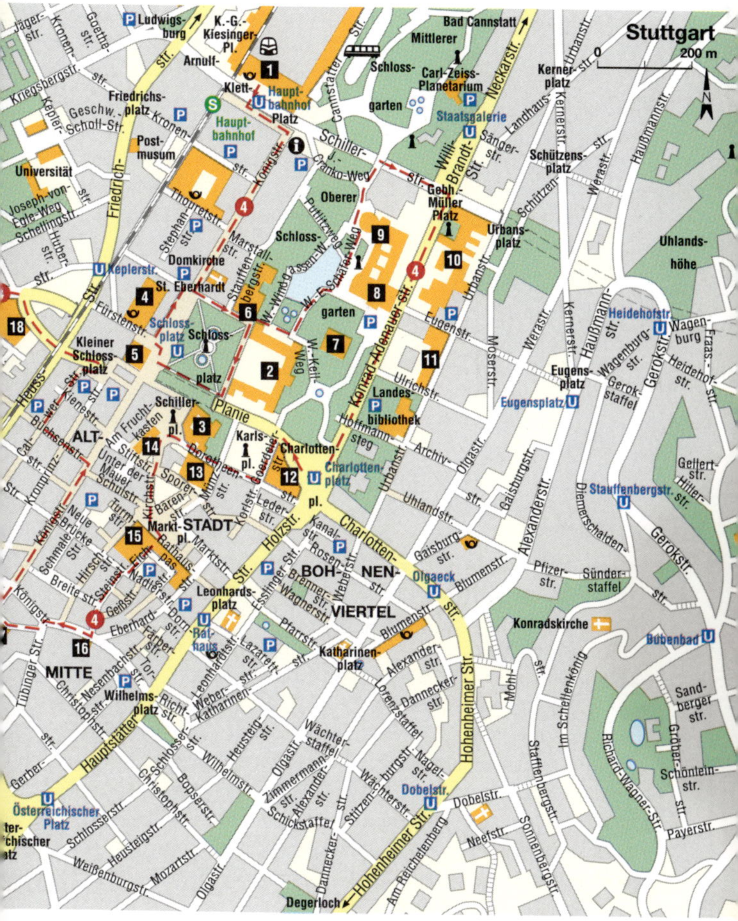

Karte
Seite 56

Altstadt

2

*Markthalle 13

Als Meilenstein der Stuttgarter Baugeschichte gilt die 1914 im Jugendstil erbaute Markthalle, die erstmals von Stahlbetonträgern und einem Glasdach überspannt wurde – damals wie heute ist sie eine wahre Oase für Gourmets. Inmitten der Arkaden verbreiten mannigfaltige Stände mit Köstlichkeiten aus aller Welt ein ganz besonderes Flair. Stilvoll genießen kann man den schönen Blick auf das Treiben bei einem Gläschen Prosecco vom Bistro auf der Empore.

Alt-Stuttgarter Flair vermittelt der Schillerplatz aus dem 16. Jh., der als einziger Stadtplatz nach dem Zweiten Weltkrieg wieder originalgetreu aufgebaut wurde. In der Mitte thront nachdenklich der Schwaben größter Dichter und Denker auf seinem Sockel. Das Schiller-Denkmal von Bertel Thorwaldsen war übrigens das erste in Deutschland.

*Stiftskirche 14

Den Platz flankieren außer dem Alten Schloss noch der von Heinrich Schickhardt entworfene Prinzenbau (1605) im Stil der italienischen Renaissance, der spätgotische Fruchtkasten mit einer Instrumentensammlung sowie die alte Kanzlei. Auch die gotische Stiftskirche mit ihrem Chor begrenzt den Schillerplatz. Sie wurde ab 1175 erbaut, ihre ungleichen Türme sind ein Wahrzeichen Stuttgarts. Im Inneren ziehen die Tumba des Stifterpaars und die Reliefs der Goldenen Kanzel (um 1500) den Blick auf sich. Moderne Akzente setzt die neue, wie filigrane Segel wirkende Gewölbekonstruktion.

Rathaus 15

Den meisten Gebäuden am Marktplatz sieht man ihre Bauzeit zwischen 1950 und 1960 an. Auch das Rathaus wurde nach der Kriegszerstörung der Altstadt 1953 bis 1956 völlig neu konzipiert.

Stuttgart 21

Mit dem Großprojekt Stuttgart 21, neuerdings mit dem Slogan »Das neue Herz Europas« beworben, nehmen die Deutsche Bahn, Bund, Land und Stadt das größte Ausbaukonzept für den öffentlichen Schienenverkehr in Baden-Württemberg seit dem 19. Jh. in Angriff. Der jetzige Kopfbahnhof Stuttgart wird durch einen unterirdischen Durchgangsbahnhof ersetzt – nur das heutige Bahnhofsgebäude bleibt weitgehend bestehen. Lange Tunnels führen zum Flughafen, wo ebenfalls ein ICE-Bahnhof entsteht. Zudem wird die kurvenreiche Bahnstrecke Stuttgart-Ulm völlig neu entlang der Autobahn und durch Tunnelstrecken gebaut. Das Gesamtprojekt wurde mit fast 5 Milliarden Euro veranschlagt; die ersten Züge sollen etwa 2020 fahren. Auf den frei werdenden Gleisanlagen entsteht ein neuer Stadtteil, mit dessen Bau schon begonnen wurde.

Ein Highlight der 1950er-Jahre-Architektur: die Liederhalle

Am Samstag ist hier Markttag, dann geht es auf dem ansonsten leeren Platz recht lebhaft zu.

Tagblattturm 16

18 Stockwerke hat Stuttgarts erstes Hochhaus, der 1928 erbaute, 61 m hohe Tagblattturm, der unter Denkmalschutz steht. Ursprünglich Sitz von Zeitungsverlagen, wird er heute als Zentrum **Kultur unterm Turm** mit Galerie, Kabarett, Figurentheater und vom Theater tri-bühne genutzt (Eberhardstr. 61a, Tel. 0711/2364610, www.tri-buehne.de).

Altes Schauspielhaus 17

Eingezwängt in die schmale Kleine Königstraße kommt das Alte Schauspielhaus (1906) nur unvollkommen zur Geltung. Trotzdem ist die halbrunde Fassade mit Galerie und Figurenfries unter der mächtigen Kuppel als erhaltenes Zeugnis des Jugendstils beachtlich (Tel. 0711/2265505, www.schauspielhaus.org).

Haus der Wirtschaft 18

Ein ganzes Karree bedeckt das Haus der Wirtschaft, ein 1890 entstandener Monumentalbau im Stil des Neo-Barock. Imposant ist der Treppenaufgang der mehrgeschossigen Säulenhalle, der den Zugang zu den Räumen des Landesgewerbeamtes und des Design-Centers bildet. Hier gibt es mitunter gute Ausstellungen.

Liederhalle 19

Die 1955 erbaute Stuttgarter Liederhalle schrieb Nachkriegs-Baugeschichte. Die teils rechteckigen, teils gerundeten Formen der drei Säle sind auch am Außenbau abzulesen, der ein wahres Glanz-

Steinerne Zeugen der Stadtgeschichte finden sich im Lapidarium

stück ist. Durch die hervorragende Akustik wurde die Liederhalle rasch zum Mittelpunkt des Musiklebens der Stadt. 1991 kam das Kultur- und Kongresszentrum Liederhalle hinzu, das Literaturhaus und ein Multiplexkino (Berliner Platz 1–3, Tel. 07 11/255 55 55, www.liederhalle-stuttgart.de).

Lapidarium und Karlshöhe 20

Am oberen Ende der Marienstraße beginnt der Aufstieg zum wunderschön gelegenen Park mit Aussichtspunkt, der Karlshöhe › S. 69. An ihrem Fuß befindet sich in einem idyllischen Garten das Städtische Lapidarium, ein Freilichtmuseum mit über 200 steinernen Überresten aus der Stuttgarter Vergangenheit, darunter wertvolle Portale im Krieg zerstörter Häuser, Konsolen, Reliefs und Plastiken. Ursprünglich als Renaissancegarten für die Antikensammlung eines Stuttgarter Industriellen entworfen, schmücken noch immer Apollo, Diana und andere römische Funde die Terrassen – ein Kleinod der Ruhe und Schönheit mitten in der Stadt (Mörikestraße 24/1, Tel. 07 11/216 28 50, www.stuttgart.de/stadtarchiv, Mai–Anfang Sept. Mi–Sa 14–18, So 11–17 Uhr, der Eintritt ist frei).

Das Bohnenviertel

Über den Charlottenplatz erreicht man das Bohnenviertel, ein saniertes Altstadtareal. Was einst eine Arme-Leute-Wohngegend war, ist heute ein urbanes Viertel mit vielen Antiquitätenläden, kleinen Shops mit liebevollem Angebot, Weinstuben und Kneipen. An der südöstlichen Grenze des Viertels befindet sich der 1564 als Teil der Stadtbefestigung erbaute Schellenturm. Er ist nach den Sträflingen benannt, die dort eingesperrt waren und »Schellen« (Fesseln) tragen mussten.

Karte Seite 62

Restaurants

■ **Weinstube Schellenturm**
Weberstr. 72
Tel. 236 48 88
www.schellenturm.de
Mo–Fr 17–24 Uhr
Rustikale Weinstube und Restaurant mit schwäbischer Küche in zwei runden historischen Räumen im Turm. ●●

■ **Weinhaus Stetter**
Rosenstr. 32
Tel. 24 01 63
Mo–Fr 15–23, Sa 11–15 Uhr
Die urschwäbischen Weinstube bietet 40 offene und 450 Flaschenweine. Dazu gibt es eine deftige Vesper. ●

Das Grüne U

– 5 – **Weißenhofsiedlung › Höhenpark Killesberg › Rosensteinpark › Naturkundemuseum Löwentor › Schloss Rosenstein › Mineralbäder Leuze und Berg › Carl-Zeiss-Planetarium › Schlossgarten

Länge: 4–5 Stunden (8 km)
Praktischer Hinweis: Der Höhenpark Killesberg liegt etwa 150 m höher als die Stadt. (Anfahrt mit der Stadtbahnlinie U 7 vom Schlossplatz oder vom Hauptbahnhof aus in knapp 15 Min.) Es empfiehlt sich, die Tour hier zu beginnen und abwärts zur Innenstadt zu gehen. Oder Sie fahren mit Ihrem Wagen zum Killesberg, besuchen vorher das Weißenhofmuseum und holen das Fahrzeug dann mit der Stadtbahn ab.

Vom Neuen Schloss in der Stadtmitte Stuttgarts zieht sich ein 8 km langer Grünstreifen durch den Mittleren und Unteren Schlossgarten, den Rosensteinpark, den Park der Villa Berg, den Wartberg zum Höhenpark Killesberg, wo ein 40 m hoher Aussichtsturm einen fantastischen Blick auf Stuttgart erlaubt. Die mehrstündige Tour durch die Parks und Anlagen lässt auf weite Strecken vergessen, dass man sich in einer Großstadt befindet. Über die Verkehrsstraßen führen Fußgängerbrücken, die bequemes Weitergehen erlauben. Viele Wege im Rosensteinpark und in den Schlossgärten dürfen mit Rädern befahren werden.

**Weißenhofsiedlung 21

Auf Initiative des Deutschen Werkbunds wurde 1927 die Weißenhofsiedlung als Prototyp für neues Wohnen am Killesberg (3 km nördlich der Innenstadt) gebaut. Mit ihren Bauten aus neuartigen Materialien (Stahl, Beton, viel Glas) und modernen Konstruktionen war sie eine architektonische Sensation und zählt heute zu den großen Baudenkmälern der Moderne. Die experimentellen weißen Würfel entwarfen **Mies van der Rohe, Scharoun, Le Corbusier** sowie viele andere Künstler und Architekten. Einige Häuser, u. a. die von Walter Gropius, Max und Bruno Taut gingen im Zweiten Weltkrieg verloren und heute stehen dort Ersatzbauten. Deshalb informie-

Echt gut!

ren Tafeln über das jeweilige Gebäude und die Gesamtanlage. Im Doppelhaus von Le Corbusier und Pierre Jeanneret macht das ***Weißenhofmuseum** die Umbrüche jener Zeit erlebbar › S. 71. Die bewohnte Siedlung und das Museum sind bis heute Pilgerziel von Architekten aus aller Welt, obwohl die Häuser nur von außen zu sehen sind.

Höhenpark Killesberg 22

Zur Reichsgartenschau 1930 wurde ein aufgelassener Steinbruch am Killesberg zu einem großzügigen, 50 Hektar großen Park umgestaltet und gehört heute zu den am besten erhaltenen Beispielen der Gartenbaukunst jener Zeit. Üppige Pflanzen- und Blumenpracht, Wiesen, Teiche, Streichelzoo und Open-Air-Bühne fügen sich ungezwungen in die Landschaft. Durch das gesamte Gelände schlängeln sich die 2,3 km langen Gleise für eine dampfbetriebene Schmalspurbahn. 2001 wurde ein 40 m hoher Aussichtsturm eröffnet, **eine preisgekrönte Seilnetzkonstruktion mit vier Plattformen**. Da die Metallstufen

5 Das Grüne U

21 Weißenhofsiedlung
22 Höhenpark Killesberg
23 Museum am Löwentor
24 Schloss Rosenstein
25 Mineralbad Leuze
26 Mineralbad Berg
27 Planetarium

etwas schwanken, sollte man halbwegs schwindelfrei sein – man wird durch einen höchst eindrucksvollen Rundblick belohnt (der Park ist ganzjährig geöffnet, der Eintritt ist frei).

Restaurant

Höhencafé
Thomastr. 101][Tel. 07 11/256 05 20
www.hoehencafe.de
Direkt am Aussichtsturm gelegenes Restaurant mit Café und großer Sonnenterrasse (Febr.–Nov. tgl. 11 Uhr bis Dunkelheit, Nebensaison Di geschl.). ●●

Aussichtsturm am Killesberg

Rosensteinpark

Der weitläufige Rosensteinpark gilt als der größte englische Landschaftspark Südwestdeutschlands. Der nach dem Vorbild der Natur mit Wiesen und Bäumen angelegte Park entstand zwischen 1824 und 1840 unter König Wilhelm I. von Württemberg und steht unter Denkmalschutz. Im Park befindet sich das **Staatliche Museum für Naturkunde** › S. 71 an zwei Standorten: Am oberen Eingang im **Museum am Löwentor** 23 wurden die Vorzeitfunde zusammengetragen, am unteren Ende des Parks steht **Schloss Rosenstein** 24 mit einer zoologisch-botanischen Sammlung. Das Gebäude wurde 1825–1829 von Giovanni Salucci errichtet.

Die Mineralbäder

Stuttgart-Bad Cannstatt verfügt nach Budapest über das zweitgrößte Mineralwasservorkommen Europas. Zwei Bäder befinden sich am Rand des Grünen U; das **Mineralbad Leuze** 25 und das **Mineralbad Berg** 26. Beide verfügen über mehrere Mineralbecken mit Wassertemperaturen zwischen 20 °C und 34 °C sowie über moderne Saunen und Liegewiesen. Während das Mineralbad Leuze ein Erlebnisbad mit Spaß- und Freizeiteinrichtungen ist, hat sich das Mineralbad Berg diesem Trend entzogen: hier treffen sich seit Generationen Menschen, die ruhig und gelassen ihre Bahnen durch das kühle Prickelwasser ziehen und unter herrlichen alten Bäumen entspannen (beide tgl. 6–20 oder 21 Uhr geöffnet).

Carl-Zeiss-Planetarium 27

Am Übergang vom Mittleren in den Oberen Schlossgarten entführt das Carl-Zeiss-Planetarium zu **Reisen durch Zeit und Raum, zu Planeten und Galaxien**. Aus-

Echt gut!

geklügelte Projektionsmaschinen bringen den Sternenhimmel und kosmische Ereignisse in den dunklen Raum. Nur Astronauten haben sonst die Gelegenheit, eine solche Sternenpracht zu erleben (Mittlerer Schlossgarten, Tel. 01 80/511 04 45 22 (0,14 €/Min.), www.planetarium-stuttgart.de, Vorführungen Di–Fr 10, 15, Sa, So 14, 16, 18, Mi, Fr auch 20 Uhr).

Bad Cannstatt

– 6 – **Wilhelma › Hauptstraße › Großer Kursaal › Mineralbad Cannstatt › **Mercedes-Benz-Museum

Länge: 1–2 Stunden ohne Besuche der Wilhelma und des Mercedes-Benz-Museums
Praktische Hinweise: Den Ausgangspunkt Wilhelma erreicht man vom Hauptbahnhof Stuttgart aus mit der Stadtbahnlinie U 14.
Da das Mercedes-Benz-Museum nicht an öffentliche Verkehrsmittel angeschlossen ist, empfiehlt sich die Anfahrt mit dem Pkw oder Taxi.

Durch die klassizistische Kur- und Badestadt sowie das mittelalterliche Cannstatt führt dieser schöne Stadtrundgang. Dank dem zweitgrößten Mineralwasservorkommen Europas in Cannstatt gab sich im 19. Jh. der europäische Hochadel hier ein Stelldichein. Der Hofbaumeister Nikolaus von Thouret errichtete 1828 den Großen Kursaal mit halbkreisförmigem klassizistischem Säulenvorbau. Herz des historischen Cannstatt ist die alte Marktstraße, heute Fußgängerzone mit hübschen Fachwerkhäusern, krummen Fassaden, malerischen Winkeln, Weinstuben und Straßenlokalen. Bad Cannstatt ist viel älter als die Stadt Stuttgart; schon die Römer hatten hier eine befestigte Niederlassung.

3 **Wilhelma 28

Deutschlands einziger zoologisch-botanischer Garten wurde 1843–1853 für König Wilhelm I. von Württemberg als maurische Anlage geschaffen, die noch heute das Herzstück der Wilhelma bildet. Da liegt ein wenig vom Zauber des Orients über dem Magnolienhain und den lila Blüten des Seerosenteichs. Zu den Höhepunkten im Zoo mit seinen fast 10 000 Tieren zählen das Aquarium mit Krokodilhalle und einer Korallenfischsammlung sowie das Schmetterlings- und Amazonashaus. Publikumsmagneten sind das Menschenaffenhaus, das Seelöwen-Bassin und das artgerecht gestaltete Freigehege der Eisbären mit Felsen und Teichen – stark umlagert, seit Eisbärennachwuchs Wilbär hier seine Späße macht. Eine Gaststätte und Kioske sorgen im Park für Erfrischungen (Tel. 07 11/540 20, www.wilhelma.de, tgl. 8.15–16, im Sommer bis 18 Uhr).

Unmittelbar neben der Wilhelma befindet sich das **Wilhelma-Theater 29**, das während der Glanzzeit von Bad Cannstatt als

Karte Seite 65

Ornamente aller Art schmücken die maurisch geprägte Wilhelma

Kurstadt für den europäischen Hochadel 1840 erbaut wurde und als Kleinod klassizistischer Baukunst gilt. Die reiche Ornamentik im Inneren spiegelt den pompejanischen Stil der Zeit. Da das Theater als Probebühne der Hochschule für Musik und Darstellende Kunst genutzt wird, finden hier öffentliche Vorstellungen statt.

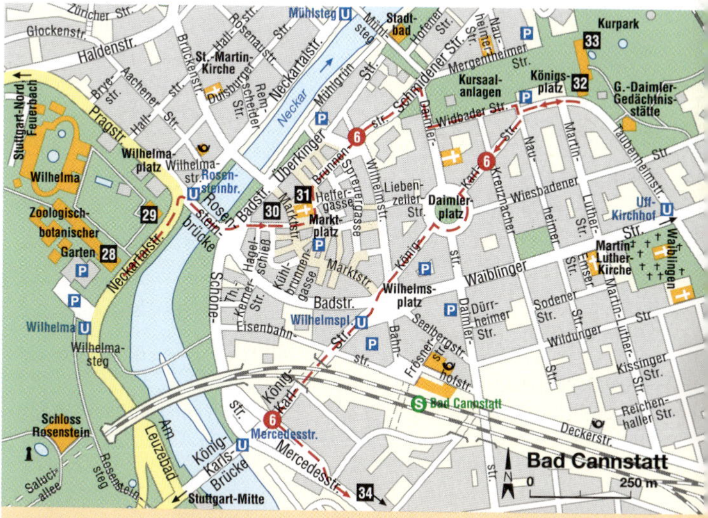

– 6 –
Bad Cannstatt

- 28 Wilhelma
- 29 Wilhelma-Theater
- 30 Klösterle
- 31 Stadtkirche
- 32 Großer Kursaal
- 33 Mineralbad Cannstatt
- 34 Mercedes-Benz-Museum

Marktstraße

Das Herz des historischen Cannstatts ist die Marktstraße, heute Fußgängerzone mit Fachwerkhäusern, krummen Fassaden, malerischen Winkeln, Geschäften und Straßenlokalen. Zu den eindrucksvollsten Bauwerken zählt das **Klösterle 30**, das 1463 als »Sozialstation« des Frauenordens der Beginen erbaut wurde und als ältestes Wohnhaus Stuttgarts gilt. Das stilvoll restaurierte Gebäude mit rotem Fachwerk und halbrundem Erker beherbergt heute die Weinstube Klösterle (Marktstr. 71, Tel. 07 11/56 89 62, Mo bis Sa 17–24 Uhr ●●).

Im Zentrum der Marktstraße liegen dicht beieinander das **Rathaus** und die **Stadtkirche 31**, deren ältere Substanz aus dem 12./13. Jh. stammt; Teile des Schiffs wurden 1612 von Hofbaumeister Heinrich Schickhardt umgestaltet.

Kurpark

Im gepflegten, von einigen Statuen geschmückten Kurpark ist noch etwas vom einstigen Glanz der klassizistischen Kur- und Badestadt zu erahnen, in der sich dank des zweitgrößten Mineralwasservorkommens Europas im 19. Jh. der europäische Hochadel ein Stelldichein gab. Der Hofbaumeister Nikolaus von Thouret errichtete 1828 den **Großen Kursaal 32** mit halbkreisförmigem klassizistischem Säulenvorbau. Unmittelbar daneben steht das **Mineralbad Cannstatt 33**, das jüngste der Stuttgarter Bäderfamilie mit markantem gläsernen Paraboldach über der Schwimmhalle, Mineral- und Thermalbecken, Saunalandschaft und weiteren Einrichtungen.

Am Südrand des Kurparks richtete Gottlieb Daimler im 19. Jh. in einem Gartenhaus eine Versuchswerkstatt ein und konstruierte 1883 den ersten schnelllaufenden Verbrennungsmotor. Heute sind in dieser Gottlieb-Daimler-Gedächtnisstätte Teile der ehemaligen Werkstatteinrichtung und weitere interessante Erinnerungen an den Erfinder ausgestellt (Di–So 10–16 Uhr, Eintritt frei).

Der Erbsenbrunnen

Den Erbsenbrunnen vor dem Haus in der Marktstr. 33 ziert ein niedlicher Nackedei. Als Modell für die 1948 vom Bildhauer Fritz von Graevenitz geschaffene Statue, sucht sich der Künstler seinen kleinen Neffen aus: den späteren Bundespräsidenten Richard von Weizsäcker.

**Mercedes-Benz-Museum 34

Nach der Mitte des 19. Jh. in Bad Cannstatt einsetzenden Industrialisierung entstanden vor allem neckaraufwärts Richtung Unter- und Obertürkheim ausgedehnte Fabrikanlagen. Heute steht hier direkt vor den Toren der Daimler AG das neue Mercedes-Benz-Museum in spektakulärer Architektur › S. 73.

Museen

**Staatsgalerie 10

Schon vom ersten Tag an hat die 1984 eröffnete Neue Staatsgalerie mit ihrer geschwungenen Glasfront und dem popfarbenen Röhrengeländer das Publikum begeistert. Der britische Stararchitekt James Stirling griff in dem Neubau spielerisch verschiedenste Epochen der Architektur auf, kombinierte in einer zentralen Rotunde dorische Säulen mit romanischen Rundbogenfenstern und klassizistischen Simsen. Die Neue Staatsgalerie gilt international als **Musterbeispiel postmoderner Architektur**. Sie geht eine interessante Symbiose mit der **Alten Staatsgalerie** ein, mit der sie räumlich verbunden ist. König Wilhelm I. ließ dieses Gebäude 1843 im spätklassizistischen Stil errichten. Dort befindet sich seit 2008 auch der Haupteingang zu den neu strukturierten Sammlungen, deren Schwerpunkt auf der Kunst des 20. Jhs. liegt. Diese kann sich im Altbau und in einem langgestreckten Anbau breit entfalten, wobei Künstler wie Schlemmer, Picasso, Beckmann, Beuys oder Giacometti – teilweise mit eigenen Räumen – ebenso herausgehoben werden wie Pop Art und Abstrakter Expressionismus. Im Stirling-Bau, der bis 2007 vor allem moderne Kunst beherbergte, kommen nun die deutschen, niederländischen und italienischen Alten Meister völlig neu zur Geltung, wobei chronologische Sprünge und Gegenüberstellungen mit einzelnen Werken anderer Epochen für die nötige Spannung sorgen z. B. der Meister von Meßkirch und Joseph Beuys.

Die postmoderne Staatsgalerie

Regelmäßige Sonderausstellungen mit Leihgaben internationaler Museen greifen immer wieder neue und aktuelle Themen auf (Konrad-Adenauer-Str. 30–32, Tel. 47 04 00, www.staatsgalerie-stuttgart.de, Di–So 10–18 Uhr, Do bis 21 Uhr).

*Haus der Geschichte 11

Zwischen der Neuen Staatsgalerie und der ebenfalls von James Stirling entworfenen Staatlichen Hochschule für Musik und Darstellende Kunst mit markantem Rundturm entstand 1999–2002 als letztes Bauwerk an der Kulturmeile das Haus der Geschichte. Es zeigt in einer äußerst spannend inszenierten Dauerausstellung das Werden des Landes Baden-Württemberg seit 1790 sowie in Sonderausstellungen Themen der

Zeitgeschichte, die weit über das Bundesland hinausgehen. Der Besucher wird auf einem Parcours gelenkt, kommt vorbei am Baden-Württemberg ABC, das mit Begriffen wie Musterländle, Kehrwoche oder Zeppelin die landestypischen Eigenheiten beleuchtet (Konrad-Adenauer-Str. 16, Tel. 212 39 50, www.hdgbw.de, Di–So 10–18 Uhr, Do bis 21 Uhr).

1 **Kunstmuseum 5

Unübersehbar bildet der gläserne Würfel des 2005 eröffneten Kunstmuseums einen Blickfang am Schlossplatz. Hier hat die auf 15 000 Exponate angewachsene städtische Kunstsammlung einen angemessenen Rahmen erhalten. Auf 5000 m² präsentiert das Museum Werke europäischer Kunst vom ausgehenden 18. Jh. bis in die Gegenwart, darunter die weltweit größte Otto-Dix-Sammlung sowie bedeutende Bestände von Willi Baumeister, Adolf Hölzel, Dieter Roth u. a. Die gläsernen Treppenhäuser, Umgänge und das Restaurant im obersten Stock bieten **spektakuläre Blicke auf Schlossplatz und Stadt** (Echt gut!) (Kleiner Schlossplatz 1, Tel. 216 21 88, www.kunstmuseum-stuttgart.de, Di–So 10–18 Uhr, Mi, Fr 10–21 Uhr; Restaurant Cube tgl. 11–24 Uhr ●●●).

Kunstgebäude 6

Anspruchsvolle Ausstellungen zeitgenössischer Kunst und international besetzte Symposien veranstaltet der Württembergische Kunstverein im Kunstgebäude am Schlossplatz, von dessen Kuppel ein goldener Hirsch schaut (Tel. 22 33 70, www.wkv-stuttgart.de, Di, Do–So 11–18, Mi 11–20 Uhr).

Landesmuseum Württemberg

Im Alten Schloss 3 dokumentiert das Landesmuseum Württemberg die Landesgeschichte von der Steinzeit bis zur Neuzeit. Historisches Kernstück des Museums ist die Kunstkammer. Sie präsentiert, was die Herzöge und Könige seit dem 16. Jh. sammelten – Wertvolles ebenso wie Originelles und Kurioses. Besonders eindrucksvoll sind die keltischen Exponate, von kunstvoller Keramik und Schmuck bis zu den sensationellen Funden der Grabbeigaben des Keltenfürsten von Hochdorf aus der Hallstattzeit, darunter ein riesiger Bronzekessel mit Löwenschmuck und ein prachtvoller Wagen (Schillerplatz 6, Tel. 279 34 98, www.landesmuseum-stuttgart.de, Di–So 10–17 Uhr).

Hegelhaus

Das Geburtshaus von Georg Wilhelm Friedrich Hegel informiert über den berühmten Philosophen (1770–1831) und das Bild Stuttgarts im 18./19. Jh. (Eberhardstr. 53, Tel. 216 67 33, Mo–Fr 10–17.30, Do bis 18.30, Sa 10–16 Uhr, Eintritt frei).

*Linden-Museum

Das 1889 von Graf Carl von Linden gegründete Museum für Völkerkunde am Hegelplatz präsentiert ansprechend in Dauer-

Special

Die schönsten Aussichtspunkte

Nur wenige deutsche Städte in der Größe Stuttgarts haben eine so eindrucksvolle topografische Lage, bei der die Kernstadt von einem Kranz von Hügeln und Höhenzügen umgeben ist, von denen imposante Blicke auf die Stadt und teilweise auch Fernblicke möglich sind. Hier nennen wir einige der schönsten.

Karlshöhe

Gleich am Ende des zentralen Straßenzugs Königsstraße-Marienstraße steigt das Gelände nach Südwesten zur Karlshöhe an, wo eine 1889 angelegte Aussichtsterrasse einen prachtvollen Blick über den Talkessel von Stuttgart erlaubt. Ein sehr beliebter Biergarten lädt im Sommer bei schönem Wetter ab 11 Uhr zur Rast.

Bismarckturm

Zu Ehren des ersten deutschen Reichskanzlers Otto von Bismarck wurde 1904 auf der nördlichen Anhöhe über dem Stadtzentrum der 20 m hohe Bismarckturm erbaut. Wer den Aufstieg über die 92 Stufen zur Plattform des inzwischen sanierten Turms unternimmt, wird mit dem schönsten Blick auf die zu Füßen liegende Innenstadt und die jenseitigen Höhen sowie einem Rundumblick über Neckarland und Schönbuch belohnt (Am Bismarckturm 36, Ostern–Sept. Sa 15–19, So 11–19 Uhr).

Weißenburgpark

Im Weißenburgpark im Stadtteil Bopser entzückt in Halbhöhenlage der 1913 erbaute Pavillon, von dessen Aussichtsterrasse man den Blick über die Dächer der Stadt genießt. In dem denkmalgeschützten, von Säulen umstandenen Jugendstil-Pavillon lädt das Teehaus zu Rast im Rundrestaurant oder auf der großen Terrasse mit Teich und Brunnen. Die Kuppel des Pavillons schmücken szenische Darstellungen. Im ebenfalls bemalten Marmorsaal unterhalb einer Terrasse finden Konzerte statt (Hohenheimer Str. 119, Tel. 23 67 36-0, www.teehaus-stuttgart.de, März–Ende Okt. tgl. 11–23 Uhr ●).

*Fernsehturm

Bei schönem Wetter sollte man einen Besuch des Fernsehturms unbedingt einplanen. Der 217 m hohe Turm auf dem Hohen Bopser, 1954 von Fritz Leonhardt und Erwin Heinle erbaut, war international der erste seiner Art und ist inzwischen sicher das bekannteste Wahrzeichen von Stuttgart. Anfangs heftig umstritten, wurde er bald zum Vorbild für viele Türme in allen Teilen der Welt. In 150 m Höhe befinden sich der »Korb« mit vier Stockwerken für die Sendetechnik des SWR und Stuttgarts höchstes Café. Von dort und von der windigen Außenplattform reicht der Blick über das mittlere Neckarland bis zur Schwäbischen Alb, zum Schwarzwald, zum Odenwald und bei ganz klarem Wetter bis zu den Alpen (Tel. 236 32 40, www.fernsehturmstuttgart.com, tgl. 9–23 Uhr, letzte Auffahrt um 22.30 Uhr).

Schloss Solitude

Auf den Höhen westlich von Stuttgart ließ Herzog Carl Eugen 1764–1767 Schloss Solitude als »Maison de Plaisance« erbauen. Wegen seines mächtigen Säulenunterbaus mit Freitreppen und umlaufender Terrasse wirkt der Rokoko-Bau fast monumental. Von dort reicht der Blick über Stuttgarts nördliche Vororte bis Ludwigsburg und zum Höhenzug Stromberg. Die Innenräume enthalten meisterhafte Wand- und Deckengemälde (Tel. 69 66 99, www.schloss-solitude.de, April bis Okt. Di–So 9–12 und 13.30–17 Uhr, So durchgehend, Nov.–März Di–Sa 13.30–16 Uhr, So und Fei 10–16 Uhr).

Grabkapelle Rotenberg

Auf dem Rotenberg hoch über dem Neckartal, wo im 11. Jh. die württembergische Stammburg stand, ließ König Wilhelm I. für die 1819 im jungen Alter von 30 Jahren verstorbene Königin Katharina eine weithin sichtbare Grabkapelle bauen. Im Marmor-Doppelsarkophag ruht hier auch der 1864 verstorbene König. Im Innenraum der in klassizistischer Form gebauten Kapelle zieren Kolossalstatuen der vier Evangelisten die Wandnischen. Von der Kapelle aus genießt man einen herrlichen Blick auf den Weinort Uhlbach und das Neckartal mit dem Stuttgarter Hafen (www.grabkapelle.rotenberg.de, März bis Okt. Mi 10–12, Fr, Sa 10–12 und 13–17 Uhr, So, Fei 10–12 und 13–18 Uhr, Eintritt frei).

Karte Seite 62

ausstellungen Sammlungen aus Amerika, der Südsee, Afrika, dem Orient und Asien. Dazu kommen wechselnde Sonderausstellungen und interessante Themenveranstaltungen aus fernen Ländern. Das Museum zählt zu den bedeutendsten Völkerkunde-Museen in Europa und wirkt kein bisschen verstaubt (Hegelplatz 1, Tel. 202 23, www.lindenmuseum.de, Di–So 10–17, Mi 10–20 Uhr).

Kinderführung im Linden-Museum

*Naturkundemuseum

Das Staatliche Museum für Naturkunde ist auf zwei Gebäude aufgeteilt. **Schloss Rosenstein** 24 in der Nähe der Wilhelma beheimatet die Biologieabteilung, die einen Überblick über Vielfalt, Bau und Evolution der Lebewesen von den Pflanzen bis zum Menschen gibt. Im **Museum am Löwentor** 23 werden eine bedeutende Sauriersammlung, die größte Ausstellung wirbelloser Tiere der Jurazeit und eiszeitlicher Riesensäuger sowie eine bedeutende Bernsteinkollektion gezeigt (Tel. 893 60, www.naturkundemuseum-bw.de, Di bis Fr 9–17, Sa, So, Fei 10–18 Uhr).

**Weißenhofsiedlung 21

In der Weißenhofsiedlung › S. 61 wurde im 1927 erbauten Doppelhaus von Le Corbusier und Pierre Jeanneret das **Weißenhofmuseum** eingerichtet. Es gehört zu den **herausragenden Bauzeugnissen der Klassischen Moderne**. Das original restaurierte Haus bietet Einblicke in die Geschichte der in Stuttgart realisierten Werkbund-Ausstellung »Die Wohnung« mit ihrem legendären Stil des Funktionalismus. Es steht exemplarisch für den Anspruch der Siedlung: eine den veränderten Lebensformen angepasste Ästhetik, die sich in neuen Materialien und Grundrissen, schnörkelloser Inneneinrichtung ohne Pomp und Plüsch sowie arbeitssparender Hauswirtschaft dokumentierte. Zusammen mit weiteren Bauwerken von Le Corbusier in verschiedenen Teilen der Welt wird die Aufnahme des Doppelhauses in die Liste des UNESCO-Weltkulturerbes angestrebt (Rathenaustr. 1, Tel. 257 91 87, www.weissenhof.de, Di–So 11–18, Do bis 20 Uhr).

*Porsche-Museum

2009 wird der futuristische Bau des Porsche-Museums in Stuttgart-Zuffenhausen eröffnet. Im Ausstellungsraum, der 16 m über Boden zu schweben scheint, sind dann die Schätze des erfolgreichen Herstellers sportlicher Flitzer zu bewundern: 80 Porsche-Wagen sowie ergänzende Kleinexponate. Dabei wurde das bisherige Konzept des »Rollenden Museums« optimiert; die Ausstellung wird in regelmäßigen Abständen mit wechselnden Modellen neu arrangiert. Eine »Classic Werkstatt« gibt den Besuchern Einblicke in die Welt der Fahrzeugrestauration von der Wartung bis hin zur kompletten Instandsetzung. Den Hauptteil der Ausstellung bildet die Zeit von 1948 bis zur Gegenwart. Themeninseln wie »Evolution 911«, »Le Mans« oder »Wie entsteht ein Porsche« und das historische Archiv der Porsche AG ergänzen das Museum (Porscheplatz 1, Tel. 91 12 56 85, www.porsche-museum.de, tgl. 9–16, Sa, So, Fei bis 17 Uhr).

Ein Meisterwerk der Moderne: das Doppelhaus von Le Corbusier

**Mercedes-Benz-Museum 34

Das 2006 eröffnete **Mercedes-Benz-Museum** vor dem Werksgelände der Daimler AG in Untertürkheim zieht jährlich mehrere hunderttausend Autofans aus aller Welt an. **Die imposante Gebäudeform einer Doppelhelix ist architektonisch sensationell** – noch vor wenigen Jahren wäre eine derartige Konstruktion nicht ausführbar gewesen. Zwei sich kreuzende Spiralen gestatten zwei jeweils von oben nach unten verlaufende Rundgänge durch die »Collectionsräume« und die »Mythosräume«. Der Museumsbesuch beginnt mit einer Aufzugfahrt in die Vergangenheit, zurück zu den Ursprüngen der mobilen Gesellschaft. Eine Zeitreise durch die 120-jährige Geschichte der Marke Mercedes-Benz zeigt berühmte Originalfahrzeuge mit 80 Pkws, 40 Lkws und 20 Rennwagen. Zu den Stars zählen die legendären »Silberpfeile«, der Typ 770 von Kaiser Wilhelm II. und der SL von Prinzessin Diana. Zudem werden 1500 weitere Exponate wie Ersatzteile, Rennanzüge und Pokale gezeigt. Rennfeeling kann man am Simulator in einem als Steilkurve gestalteten Raum erfahren (Mercedesstr. 100, Tel. 173 00 00, www.museum-mercedes-benz.com, Di–So 9–18 Uhr).

Info

Zahlreiche Informationen über Stuttgart, Unterkunftsvermittlung, Veranstaltungstickets u. ä. bei

Kongenial: Autos und Architektur des Mercedes-Benz-Museums

■ **i-Punkt Stuttgart**
Königstraße 1a
70173 Stuttgart
Tel. 07 11/22 28-0
www.stuttgart-tourist.de.

■ **Verkehrsverband Stuttgart und Region**
www.vvs.de

Hotels

■ **Hotel am Schlossgarten**
Schillerstr. 23
Tel. 202 60
www.hotelschlossgarten.com
Niveauvoll-elegante Einrichtung, makelloser Service. Parkgrün rundum und doch zentrale Lage. ●●●

■ **Arcotel Camino**
Heilbronner Str. 21
Tel. 25 85 80
www.arcotel.at/camino
Neues Hotel hinter denkmalgeschützter Fassade in Bahnhofsnähe in Stuttgart. Moderne Innengestaltung. Von Stuttgart und dem Jakobsweg inspirierte Themenzimmer. ●●●

■ **Hotel Zauberlehrling**
Rosenstr. 38
Tel. 237 77 70
www.zauberlehrling.de
Ein Kleinod für Genießer und Ästheten im Bohnenviertel gelegen. In jedem Zimmer taucht man in eine eigene Erlebniswelt ein. Gourmetrestaurant mit Garten. ●●●

■ **Relaxa Waldhotel Schatten**
Magstadter Str. 2–4
Tel. 68 67-0
www.relaxa-hotel.de
Stuttgarter Stadtrandlage mitten im Grünen, ideal zum Entspannen und sich verwöhnen lassen. Nahe der Bärenseen und ehemaligen Rennstrecke Solitude. ●●●

■ **Romantik-Hotel Azenberg**
Seestr. 114–116
Tel. 225 50 40
www.hotelazenberg.de
Traditionsreiches und komfortables Familienhotel, das idyllisch am Killesberg steht. Erholsam ist auch der schöne Garten. ●●

■ **Alex30 Hostel**
Alexanderstr. 30
Tel. 838 89 50
www.alex30-hostel.de
Tipp für junge Leute, die in Stuttgart zentrumsnah günstige, ansprechende Zimmer suchen. Nett gestaltete Räume, hotelähnlicher Service, Biergarten und Sonnenterrasse. ●

Kulturzentren

■ **Theaterhaus**
Siemensstr. 11
Tel. 402 07 20
www.theaterhaus.com
Das größte Kulturzentrum in der Region setzt auf Kunst, Sport und Jugendarbeit. Das Programm ist eine Mischung aus Schauspiel, Tanztheater, Rock- und Popmusik sowie Jazz, Kabarett und politischen Diskussionen. Hier ist intelligente Unterhaltung garantiert.

■ **Renitenz-Theater**
Eberhardstr. 65
ab 14 Uhr Tel. 29 70 75
www.renitenztheater.de
Stuttgarts älteste Kabarettbühne (seit 1961) bietet politisches und literarisches Kabarett, Travestie und Chanson. Neben Eigenproduktionen haben Gastspiele einen großen Anteil.

■ **Merlin Kultur**
Augustenstraße 72
Tel. 61 85 49
www.merlin-kultur.de
Das Merlin ist ein sympathisches Kulturzentrum, in dem es neben ungewöhnlichen Konzerten, Kabarett und Lesungen auch Kindertheaterkurse gibt. Im KulturCafé erhält man bodenständige Küche zu vernünftigen Preisen. Bei schönem Wetter sitzt man draußen im kleinen Biergarten.

Erlebniszentren

■ **SI-Centrum Stuttgart GmbH**
Plieninger Str. 100
Tel. 725 29 85
www.si-centrum.de
Musical-Karten:
TOP-Ticket-Line
Tel. 018 05/44 44 (14 ct/min)

Im Hotel Zauberlehrling setzt man auf wunderschöne Themenzimmer

Zwei Musical-Produktionen der Stage-Entertainment gehen täglich (außer Mo) über die Bühnen des Palladium- und des Appollo-Theaters im SI-Erlebnis-Centrum auf den Höhen über der Stadt, 8 km vom Zentrum entfernt. 2009 stehen die Musicals »Wicked – Die Hexen von Oz« und »We will Rock You« auf dem Programm. Zum SI-Centrum gehören ferner die Colonnaden mit Einkaufspassagen, Restaurants, Weinstuben, Bars, Cafés und Kinos sowie die Bade- und Saunalandschaft Schwaben-Quellen und ein Casino.

■ **Friedrichsbau-Varieté**

Friedrichstraße 24
Tel. 225 70 70,
www.friedrichsbau.de

Schon 1898 wurde im Friedrichsbau in der Stuttgarter Stadtmitte ein Varieté gegründet, da heute oft mit dem »Wintergarten« in Berlin in einem Atemzug genannt wird. Zum Ruf als »künstlerisch anspruchsvoller Musentempel« trugen bis zur Zerstörung im Zweiten Weltkrieg Namen wie Enrico Rastelli, Josephine Baker, der Clown Grock oder Karl Valentin bei. In einem Rundbau mit Kegeldach wurde das Friedrichbau-Varieté 1994 wiedereröffnet. Abend für Abend gehen heute in intimer Atmosphäre Shows mit klassischem und modernem Entertainment über die Bühne.

■ **Bosch-Areal**

Ecke Breitscheid-, Seiden-, Forststraße
www.cinemaxx.de
www.literaturhaus-stuttgart.de

Wo vor 120 Jahren Zündkerzen entwickelt wurden, entstand nach behutsamer Sanierung des einstigen Areals der Firma Bosch eine architektonisch interessante Erlebniswelt zwischen Stuttgarts Westen und dem Zentrum: ein Mix aus Restaurants, Cafés, Clubs, Disko, Großkino, Fitness-Studio und Läden sowie dem Literaturhaus mit vielerlei Kulturveranstaltungen. An der Seite zur Stadt entstand ein 10-geschossiges, verglastes Treppenhaus mit Blick über die Dächer Stuttgarts. Tagsüber bestimmen Medienschaffende und Geschäftsleute das Bild, am Abend bildet das Areal mit seinen vielerlei Lokalitäten einen beliebten Szenetreff (an der Breitscheidstraße unmittelbar neben der Liederhalle).

Clubs

■ **Suite 212**

Theodor-Heuss-Straße 15
Tel.: 25 36 13
www.suite212.de

Der erste und berühmteste Club in der langen Reihe angesagter Locations an der Party-Meile Theodor-Heuss-Straße. Cool und stylish wird hier auf zwei Etagen gefeiert, getanzt und abgehangen. Trotz der Lage an der stark befahrenen Durchgangsstraße sitzt und steht die Szene hier bei schönem Wetter Tag und Nacht vor der Tür (Mo–Mi 11–2, Do 11–3, Fr–Sa 11–5, So 14–2 Uhr).

Musical-Arrangements

Das Millennium Hotel and Resort im SI-Erlebnis-Centrum bietet ein- und zweitägige Musical-Arrangements mit Übernachtungen im komfortablen Zimmer, Musical-Ticket, 24 Stunden Parken in der Tiefgarage sowie Speisegutschein in den Colonnaden und Eintritt in die Spielbank (Plieninger Str. 100, Tel. 72 10, www.si-centrum.de).

Vor dem Waranga am Kleinen Schlossplatz

Rohbau

Theodor-Heuss-Str. 26

www.rohbau-stuttgart.de

Roh sind an dieser Bar nur der Estrich und die Kabel an der Decke. Dazwischen ist alles edel gestylt – von der gold glänzenden Bar über Lychee-Lounges, Separées im Japan-Look bis zu Designerstühlen. Wechselnde DJs spielen 80er-Klassiker, Rock und aktuellen Hits (Do 21–1, Fr, Sa 21–4 Uhr).

Waranga

Kleiner Schlossplatz 13–15

Tel. 99 79 92 66

www.waranga.de

Besonders im Sommer eine beliebte Location mit besonnter Chill-out-Terrasse und riesiger Palme auf dem Kleinen Schlossplatz. Zu den leckeren Longdrinks gibt es den Blick auf das Neue Schloss gratis bei Tag und Nacht (Mo–Mi 11–1, Do–Sa 11–3, So 13–1, Clublounge Nov.–Mai Do–Fr 20-3, Sa 11–2 So 13–18 Uhr).

Bravo Charlie

Lautenschlagerstraße 14

Tel: 620 29 66

www.bravo-charlie.de

Die stylische Bar hat sich im Design ganz dem Motto Flughafen unterworfen. Eine Reminiszenz an die frühere Nutzung als Lufthansa City Center. Hier trifft sich eine sympathische Mischung an Studenten, Szene-Publikum und Geschäftsleuten. Am Wochenende kann es auf den drei Etagen ziemlich voll werden. Da hilft nur schönes Wetter, denn dann steht und sitzt man im Außenbereich (Mo. 7.30–1, Di 7.30–2, Mi 7.30–2, Do 7.30–3, Fr 7.30–5, Sa 10–5, So 12–1 Uhr).

Schocken

Hirschstraße 36

www.club-schocken.de

Einer der angenehmsten Läden in Stuttgarts Innenstadt. Auf drei Etagen feiern und tanzen dort Leute, deren Oberfläche nicht immer nur glänzen muss. Hier läuft Indiemusik mit

Karte Seite 79

Rock'n'roll-Einflüssen, die auch ein etwas älteres Publikum gustiert. Die Konzerte im Schocken sind legendär (So 17–1, Mo–Di. 13–1, Mi 13–2, Do 13–3, Fr 13–5, Sa. 11–5 Uhr).

■ **Sky Beach**

Galeria Kaufhof (Parkdeck)
Königstr. 6
www.skybeach.de

Stadtstrand über den Dächern der City mit Chillout-Betten, Palmen und Musik. Hier hat man Tag und Nacht Urlaubsfeeling und dazu eine herrliche Aussicht über die Stadt (im Sommer Mo–So 12–1 Uhr).

■ **Buddha Lounge/Red Mandarin**

Burgstallstr. 99
Tel. 248 51 72
www.buddhaloungeredmandarin.de

Etwas abseits der heißen Meile, liegt dieser stilvolle Club mit asiatischem Ambiente, Buddhastatuen und verspielte Himmelbetten aus Indien, im Sommer toller Strand. Am Wochenende Events von Bollywood bis Beach Party (Do 20–1, Fr 20–3, Sa 20–5, So 20–1 Uhr).

■ **Zapata**

Pragstraße 120
Tel. 956 15 44
www.zapata.de

Das Zapata mit seinen vier Floors ist die größte Diskothek in Stuttgart. Doch nicht nur international bekannte DJ-Größen legen hier auf, sondern es gibt auch regelmäßig Live-Konzerte. Hier feiern die Szene und nicht selten auch Prominente, die das unaufdringliche Ambiente schätzen. Im Sommer hat der Biergarten geöffnet. Gezahlt wird mit der hauseigenen Währung Zapata – eine Reminiszenz an die Anfänge des Clubs, als nur Mitglieder zugelassen waren (tgl. ab 22 Uhr).

Ausflug nach *Ludwigsburg

– 7 – **Residenzschloss › Schlosspark › Schloss Favorite › Marktplatz

Länge: 4–5 Stunden mit Schlossbesichtigung
Praktischer Hinweis: Ludwigsburg ist mit den S-Bahn-Linien S 4 und S 5 in 20 Min. zu erreichen; Fußweg vom Bahnhof zum Schloss ca. 20 Min. Mit dem Pkw über die B 27 ebenfalls 20 Min.; großer kostenfreier Parkplatz am Residenzschloss.

Kunst, Architektur und Natur vereint erlebt man im Ludwigsburger Schloss und seinem herrlichen Park, dem »Blühenden Barock«. Die Pracht von Versailles und dazu den höfischen Glanz des französischen Sonnenkönigs wollte Herzog Eberhard Ludwig auch ins Schwabenland holen. Nach diesem hehren Vorbild ließ der württembergische Herrscher im 18. Jh. sein prachtvolles Barockschloss erbauen und gründete drumherum Ludwigsburg.

15 km nördlich des Stuttgarter Stadtzentrums ließ Herzog Eberhard Ludwig an der Stelle eines ehemaligen Jagdschlosses im 18. Jh. ein prachtvolles Barockschloss erbauen und zog nach Fertigstellung mit dem gesamten Hofstaat von Stuttgart in seine neue Residenz. Das nach dem Vorbild von Versailles konstruierte Residenzschloss ist die größte

Hinter dem Ludwigsburger Schloss erstreckt sich das »Blühende Barock«

unzerstört gebliebene Barockanlage Deutschlands. Sie umfasst 18 Gebäude mit 452 Räumen, etwa 50 davon werden bei den spannenden Führungen besichtigt.

4 **Residenzschloss 35

Über zwei breite Paradetreppen gelangt man in das ab 1725 errichtete Neue Corps de Logis. Dort ist in den **königlichen Wohnungen** die vom Hofbaumeister Nikolaus Friedrich von Thouret gestaltete, originale Empire-Ausstattung zu bewundern: erlesene Möbel, Porzellan, Wandteppiche und glitzernde Leuchter. Im **Marmorsaal** erwartet die Besucher dann kühle Pracht. Die **Ahnen- und die Bildergalerie** stellen die Verbindung zu den älteren Schlossteilen her. Prunkvolle Deckengemälde und Bilder der Grafen, Herzöge und Könige von Württemberg sowie ihrer Frauen schmücken diese

Echt gut!

Die Porzellanmanufaktur

Die 1780 von Herzog Carl Eugen gegründete Ludwigsburger Porzellanmanufaktur im Schloss fertigt bis heute kostbare Stücke in historischen Arbeitstechniken. Die schönsten sind im Keramikmuseum im Schloss zu bewundern, wo außerdem auf 2000 m² die umfangreichen Fayence-, Porzellan- und Majolikasammlungen des Württembergischen Landesmuseums gezeigt werden (Tel. 071 41/97 50 40, www.porzellan-manufaktur-ludwigsburg.de, Mo–Fr 9.30–17.30, Sa 10–13 Uhr).

Raumfluchten. An den Östlichen Kavaliersbau von Frisoni (1715 bis 1719) schließt sich das auch von ihm stammende ***Schlosstheater** an, in dem die intakte Bühnenmaschinerie von 1759 einen Eindruck von der hoch entwickelten Theatertechnik jener Zeit gibt. Die ***Schlosskirche** mit ihren muschelförmigen Haupt- und Seitenchören glänzt in einer für den Protestantismus ungewohnten Pracht. Das **Alte Corps de Logis**, 1704–1709 als erstes Schloss erbaut, wird vom runden Spiel- und dem Jagdpavillon flankiert. Das an allen Wänden und an der Decke mit Spiegeln verkleidete Schlafgemach des Herzogs, das ***Spiegelkabinett**, regt natürlich die Fantasie der Besucher an. Im ausgemalten **Ordenssaal**, der über zwei Stockwerke reicht, wurde 1819 die Ver-

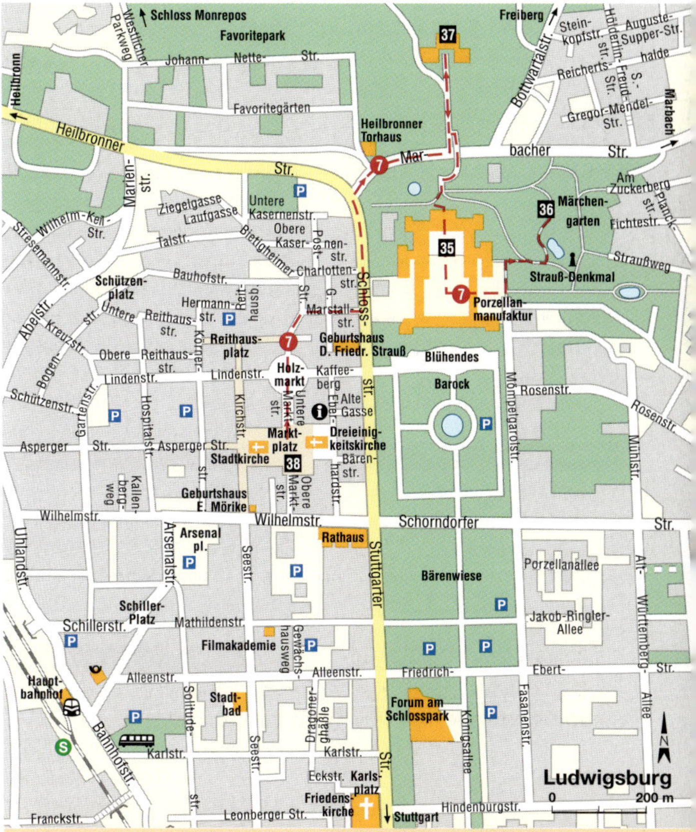

–7– Ausflug nach Ludwigsburg
35 Residenzschloss
36 Schlosspark
37 Schloss Favorite
38 Marktplatz

fassung des Königreichs und 1919 die des republikanischen Landes Württemberg verkündet (Führungen ca. 75 Min. im Sommer tgl. 10–17 Uhr, 5. Nov.–14. März Mo–Fr 10.30, 11.45, 13.30, 15, 16 Uhr, Sa, So, Fei 10.30, 11.30, 12, 13–16 Uhr alle 30 Min.).

Schlosspark 36

Der 1954 nach den originalen Plänen gestaltete Schlosspark lässt französische, deutsche, italienische und holländische Einflüsse erkennen. Die jährliche Gartenschau »*Blühendes Barock« genannt, zieht mit ihrer üppig bunten Blumenpracht jeweils Hunderttausende Besucher an. Ständig wechselnde Ausstellungen, Blumenschauen, Kürbisfeste und die Zauberwelt des nostalgischen Märchengartens › S. 18 machen einen Besuch im Blühenden Barock zum Familienerlebnis (Mitte März–Anfang Nov. tgl. 7.30–20.30 Uhr).

Restaurant

■ **Park-Café Restaurant im Blühenden Barock**
In den Anlagen 2
Tel. 071 41/92 38 67
www.restaurant-parkcafe.de
Das Parkcafé im Anschluss an den Gelben und Blauen Salon bietet regionale Küche, Eis und Kuchen sowie einen großen Biergarten. ●●

Schloss Favorite 37

Das unter Herzog Eberhard Ludwig 1713–1723 erbaute Jagd- und Lustschloss Favorite liegt ca. fünf Gehminuten vom Residenzschloss entfernt. Die Fassade ist barock, das Innere stammt aus der Empirezeit. Sehenswert sind neben den kunstvollen Wandmalereien auch der über 72 ha große Natur- und Wildpark. Das Schloss ist Sendeort der Fernseh-Talkshow »Nachtcafé« (Besichtigung nur mit Führung: 15. März bis Anfang Nov. tgl. 10–12.30, 13.30–17. Uhr, 5. Nov.–14. März Di–10–12, 13.30–16 Uhr).

Marktplatz 38

Parallel zum Residenzschloss entstand auch die Stadt Ludwigsburg im 18. Jh. im Geist des Barock. Dies zeigt sich besonders am prunkvollen Marktplatz, wo sich zwei Kirchen gegenüberstehen: Auf der Westseite die barocke doppeltürmige Stadtkirche mit figurenreich geschmückter Giebel-seite. Die Ostseite nimmt die etwas schlichtere Dreieinigkeitskirche ein, 1781 als Garnisonskirche geweiht.

Info

■ **Tourist-Information**
Marktplatz 6
71634 Ludwigsburg
Tel. 0 71 41/910 22 52
www.ludwigsburg.de

Restaurant

■ **Blauer Engel**
Mathildenstr. 20
Tel. 90 53 56
Der Blaue Engel ist eine von Studenten gut besuchte In-Kneipe mit viel Platz, die bodenständiges Essen serviert.

Blick durch Weinlaub auf Esslingen

Esslingen und die Mittlere Alb

Nicht verpassen!

- Nach dem Stadtbummel durch Esslingen ein Gläschen Sekt in Deutschlands ältester Sektkellerei genießen
- Im Urweltmuseum Hauff in die Welt der Saurier zurückblicken
- Von den Zinnen der Ruine Hohenneuffen weit ins Land hinaus schauen
- Im Landesgestüt Marbach feurige Hengste auf den Koppeln beobachten

Zur Orientierung

In ungewöhnlicher Geschlossenheit zeigt sich die mittelalterliche Altstadt der ehemaligen Freien Reichsstadt Esslingen (92 000 Einw.) mit Türmen und Toren, prächtigen Kirchen und mächtigem Fachwerk, mit Kanälen, Wasserrädern und Brückenhäusern. Von hier aus liegen das Stauferland mit den Kaiserbergen Hohenstaufen und Hohenrechberg sowie die mittlere Schwäbische Alb vor der Türe. Dort erwarten Sie romantische Städtchen wie Nürtingen und Bad Urach, tief eingeschnittene Täler, Felstürme und Aussichtsberge, Burgen und Ruinen wie der mächtige Hohenneuffen, heiße Quellen und tiefe Einblicke in die Erdgeschichte.

Touren in der Region

Durch Esslingens Altstadt

– 8 – Marktplatz › Salemer Pfleghof › Burg › Rathausplatz › Hafenmarkt › Ritterstraße › Maille › Wolfstor

Dauer: 4–5 Stunden
Praktische Hinweise: Umfangreiches Material über Esslingen erhalten Sie bei der Stadtinformation im schönsten Haus am Marktplatz, dem unübersehbaren Kielmeyerhaus.

Bei diesem Rundgang tauchen Sie ein in die mittelalterliche Stadt mit ihren Gassen und Winkeln, mit historischen Plätzen und schmucken Gebäuden wie z.B. dem prachtvollen gotischen Rathaus oder der Frauenkirche, die von der einstigen Reichsstadtherrlichkeit und von der Zeit erzählen, in der Klöster aus ganz Süddeutschland Pfleghöfe errichteten, um ihre Weingüter an den Hängen des Neckartales zu verwalten.

Marktplatz 1

Im Fachwerk-Ensemble am Marktplatz fällt das prächtige **Kielmeyerhaus** auf, das 1582 als Kelterbau des reichsstädtischen Spitals errichtet wurde. Drei der wichtigsten Kirchen Esslingens liegen hier ganz nah beieinander. An der Südseite steht die mächtige zweitürmige ***Stadtkirche St. Dionys** 2 mit ihren zwei auffallend unterschiedlichen Türmen (1213–1310). Sie entstand in ihrer jetzigen Form im 13. Jh. über der Keimzelle der Stadt, der von Abt Fulrad 777 erstmals erwähnten Vitalis-Zelle, deren älteste Teile in

Karte Seite 84

Das Kielmeyerhaus am Marktplatz von Esslingen

der Krypta zu sehen sind. Besonders beachtenswert im Inneren des Gotteshauses sind die Glasfenster (um 1300) Hinter der Stadtkirche erhebt sich einer der schönsten Klosterpfleghöfe, der **Speyrer Zehnthof 3**, seit 1826 Firmensitz der Sektkellerei Kessler, der ältesten in Deutschland. In deren Räumen kann man ein Gläschen Schwaben-Schampus genießen › S. 45.

Eher bescheiden erscheint die ehemalige **Dominikanerkirche St. Paul 4**, Deutschlands älteste gewölbte Bettelordenskirche. Der 1255 begonnene Sakralbau wurde 1268 durch Albertus Magnus geweiht. Leicht erhöht steht hinter dem Marktplatz die spätgotische **Frauenkirche 5** mit ihrem filigranen Turm, die zu den Hauptwerken süddeutscher Gotik zählt. Von der Frauenkirche fällt der mächtige Quaderbau des ehemaligen **Salemer Pfleghofs 6** auf, in dem das **J. F.-Schreiber-Museum** **historische Bilderbücher, Papiertheater und künstlerisch gestalteten Papierobjekte** aus der Geschichte des bis Mitte des 20. Jhs. produzierenden Esslinger Schreiber-Verlags zeigt (Untere Beutau 8–10, Tel. 07 11/35 12 33 07, www.museen-esslingen.de, Di–Sa 14–18, So 11–18 Uhr).

Echt gut!

Die Burg 7

Mit ihrer unverwechselbaren Silhouette aus **Dickem Turm** (heute Restaurant), Stadtmauer, der zierlichen Hochwacht und dem Seilergang zieht die Burg aus allen Richtungen die Blicke auf sich. Doch stand hier niemals eine Burganlage, sondern es war schon immer der nördlichste Teil der alten Stadtbefestigung. Von der Stadt führen die überdachte Burgstaffel sowie ein Weg durch einen Weinberg zum Burghof hinauf. Eindrucksvoll ist der Blick über die Reben auf die verschachtelte Dachlandschaft.

Rathausplatz 8

5 Zwei verschiedene Gesichter zeigt das **Alte Rathaus**, ein architektonisches Kleinod und Meisterwerk der Zimmermannskunst. Erbaut wurde es zu Beginn des 15. Jhs. als städtisches Kauf- und Steuerhaus. Die Rückfront zeigt noch die ursprüngliche Fassade mit der wuchtigen Fachwerkkonstruktion vom Typ »Schwäbischer Mann«, so genannt, weil die Stützen wie Lastträger aussehen, die Arme und Beine spreizen. Verblüffend ist der Kontrast zu der vom Hofbaumeister Schickhardt von 1586 bis 1589 umgebauten Schaufassade zum Platz hin. Der geschwungene Renaissancegiebel erhielt eine astronomische Uhr mit beweglichen Figuren (Glockenspiel tgl. 8, 12, 15, 18 und 19.30 Uhr).

*Hafenmarkt 9

Die Gebäude zwischen Altem Rathaus und Hafenmarkt aus der Zeit um 1330 erkannte man vor

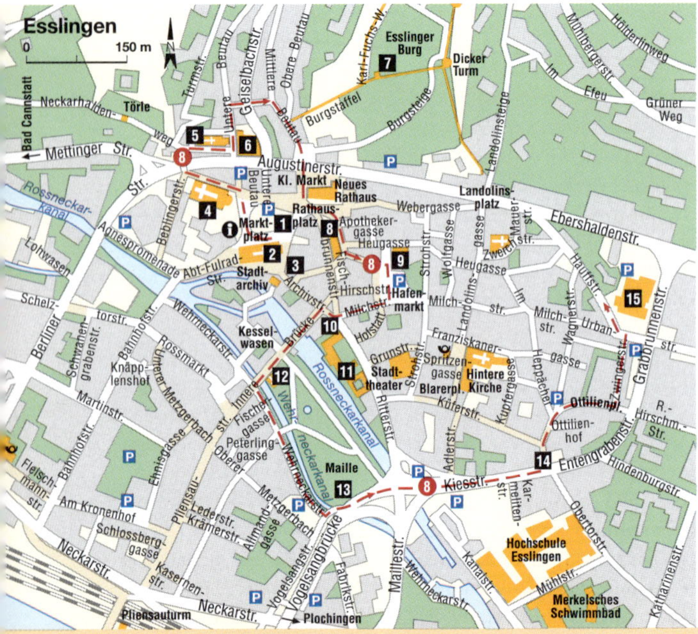

– 8 – **Durch Esslingens Altstadt**

1 Marktplatz
2 Stadtkirche St. Dionys
3 Speyrer Zehnthof
4 Dominikanerkirche St. Paul
5 Frauenkirche
6 Salemer Pfleghof
7 Die Burg
8 Rathausplatz
9 Hafenmarkt
10 Postmichelbrunnen
11 Amtsgericht
12 Brückenhäuser
13 Maille
14 Wolfstor
15 Neckar Forum

Karte Seite 84

wenigen Jahren als Deutschlands älteste bekannte Fachwerk-Häuserzeile. Das **Gelbe Haus** am Hafenmarkt ist ein vollständig erhaltener Wohnturm aus dem 13. Jh. mit einem 1701 angebauten Wohnhaus, heute Sitz des Stadtmuseums. Dahinter steht in der Heugasse der **Bebenhäuser Pfleghof**, heute die Stadtbücherei.

Ritterstraße

Hoch zu Ross bläst auf der Brunnensäule des **Postmichelbrunnens** 10 in der Ritterstraße ein Postillon in sein Horn. Was es damit auf sich hat, erzählt die Bildfolge am Trog.

Das repräsentative, dreiflügelige Gebäude in der Ritterstraße wurde 1705–1715 als reichsstädtisches Rathaus erbaut und nach Auflösung der Freien Reichsstädte vom Herzog von Württemberg übernommen. Heute wird hier unter Stuckdecken im **Amtsgericht** 11 Recht gesprochen.

*Brückenhäuser 12

Zahlreiche Geschäfte und Lokale flankieren den Straßenzug Innere Brücke und Pliensaustraße, der vom Postmichelbrunnen zum **Pliensauturm,** einem ehemaligen Stadteingang, führt. **Brückenhäuser** schmücken die Bogenbrücke aus dem 12. Jh., die im Straßenverlauf zwei Neckararme überquert. Zwischen diese Häuser schmiegt sich die kleine **Nikolauskapelle** von 1300, die zu einer Gedenkstätte für die Opfer des Nationalsozialismus umgewidmet wurde. Von der **Maille** 13, der Grünanlage unter der Brücke zwischen den beiden Neckarkanälen, zeigt sich das Häuserensemble auf der Brücke am eindrucksvollsten.

Wolfstor 14

Die Küferstraße, an der sich ein spitzgiebliges Haus ans andere schmiegt, führt zum schönsten und ältesten der drei Esslinger Stadttore (1220). An der Außenseite erinnert ein Löwenpaar an die einstigen Stadtherren, die Staufer; innen ein Wolfsrelief.

Die schaurige Geschichte vom Postmichel

Im Jahre 1491 wurde bei Stuttgart ein Esslinger Bürger beraubt und ermordet aufgefunden. Vom Täter fehlte jede Spur. Jahre später fand der Postreiter Michel bei seinem täglichen Ritt von Stuttgart nach Esslingen einen wertvollen Ring, den er als ehrlicher Mensch natürlich abliefern wollte. Zuvor aber sahen Zechkumpane beim Postmichel das glitzernde Schmuckstück, das als Eigentum des Ermordeten erkannt wurde. Das Schicksal nahm seinen Lauf, Michel wurde als mutmaßlicher Mörder verurteilt und geköpft. Seitdem – so geht die Sage – geisterte er, ruhelos sein Horn blasend, nächtens durch die Stadt, so lange, bis der wahre Mörder nach fünfzig Jahren reuig seine Tat bekannte. Dann erst fand der unschuldig hingerichtete Postmichel seine Ruhe – und auch die Esslinger Bürger konnten wieder ungestört schlafen.

Marktplatz von Schwäbsch Gmünd

Neckar Forum 15

Am Rand der Altstadt setzt an der Grabbrunnenstraße das Kultur- und Kongresszentrum mit Glasfronten und spitz zulaufendem »Schiffsbug« einen markanten städtebaulichen Akzent. Hier finden Konzerte statt (Eingang: Hauffstr., www.esslingenlive.de).

Info

Stadtinformation
Marktplatz 2
73728 Esslingen am Neckar
Tel. 07 11/39 69 39 69
www.esslingen-tourist.de

Hotels

Premier-Hotel Park Consul
Grabbrunnenstr. 19
Tel. 136 32 00
www.pcesslingen.consul-hotels.com
Klassisch-modern gestylte Zimmer und Suiten, Dachterrasse. ●●●

Hotel Am Schillerpark
Neckarstr. 60][Tel. 93 13 30
www.hotel-am-schillerpark.de.
Citynah; komfortable Ausstattung, freundliche Atmosphäre. ●●

Hotel am Schelztor
Schelztorstr. 5
Tel. 396 96 40
www.hotel-am-schelztor.de
Günstig am Rand der Altstadt gelegen. Zweckmäßiges Interieur, alle Zimmer mit Blick auf die Weinberge. ●●

Restaurants

Kleine Traube
Franziskanergasse 9
Tel. 35 94 60
Mo, Mi–So ab 17 Uhr
Das »Träuble« ist urschwäbisch: niedrige Decken, Holzfußboden, überschaubare Karte. ●●

Am Schlachthof
Schlachthausstr. 13
Tel. 350 95 09
Di–Sa ab 18 Uhr
Kreative Küche in raffiniert einfachem Ambiente. Unbedingt reservieren. ●●

Palmscher Bau
Innere Brücke 2
Tel. 35 02 45
www.palmscher-bau.de
tägl. 11–24 Uhr
Schwäbisches und Böhmisches im einst großbürgerlichen Hause Palm; schönster Biergarten der Stadt. ●●

Restaurant Dicker Turm
Auf der Burg
Tel. 35 50 35
www.dicker-turm.de
Mo–Sa 11.30–14, 17.30–23 Uhr
Gehoben speisen im Turm mit Superblick auf die Stadt. ●●

Goldenes Fässle
Heugasse 27
Tel. 35 71 26
www.goldenes-faessle.de
Di–Fr 12–14, Mo und Fr 18–24 Uhr
Gemütliche »Boitz« mit schwäbischen Schmankerl. ●●

Karte Seite 88

■ **Brauhaus zum Schwanen**
Franziskanergasse 3
Tel. 35 32 53][www.schwanen-es.com
tgl. 11–14.30, 17–23.30 Uhr
Einzige Esslinger Hausbrauerei im ehemaligen Denkendorfer Pfleghof. Naturtrübes Bier und solide Küche. ●●

Im Land der Staufer

(9) Schwäbisch Gmünd › Lorch › Ruine Hohenrechberg › Göppingen › Hohenstaufen › Geislingen an der Steige › Oberes Filstal › Wiesensteig › Schertelshöhle › Urweltmuseum Hauff › Kirchheim unter Teck › Ruine Teck

Länge: ca. 80 km (1–3 Tage)
Praktische Hinweise: Packen Sie die Badehose ein – mehrere gemütliche Thermalbäder laden zur Entspannung ein.

Das Kernland des mittelalterlichen Kaisergeschlechts der Staufer ist Ausgangspunkt für diese Tour. Auf sie gehen die weithin sichtbaren Kaiserberge Hohenstaufen, Hohenrechberg und Stuifen zurück, und sie gründeten einst die Stadt Schwäbisch Gmünd sowie ihre Grablege in Kloster Lorch. Die Hohenstauferstadt Göppingen ist heute das Ebenbild einer klassizistischen Stadtgestaltung und vor allem durch den Modelleisenbahnhersteller Märklin bekannt geworden. Durch das von steilen Hängen eingerahmte obere Filstal, in dem heiße Mineralquellen von einstiger Vulkantätigkeit zeugen, wird das berühmte Urweltmuseum Hauff erreicht, in dem besonders gut erhaltene Fossilien von den Bewohnern eines Urmeeres zu bewundern sind.

**Schwäbisch Gmünd 16

Die im 12. Jh. immer einflussreicher werdenden Staufer gründeten mit Schwäbisch Gmünd (61 500 Einw.) ihre erste Stadt. Die spätromanische **Johanneskirche** mit reichem plastischem Schmuck wirkt wie ein steinernes Bilderbuch: skurrile Fabelwesen und furchteinflößende Fratzen glotzen von Simsen und Friesen und künden von der Zeit des Mittelalters, von Dämonenabwehr und von alten Bräuchen (Mai–Okt. Di–So 10–17, sonst Sa, So 14–16 Uhr).

Als baulicher Höhepunkt überragt das spätgotische ****Heilig-Kreuz-Münster** die Stadt. In dieser 1310–1521 von der berühmten Baumeisterfamilie Parler erbauten Hallenkirche mit eindrucksvollem Netzgewölbe ist auch ein wertvolles Glasfenster von Anfang des 16. Jhs. zu sehen. Das Münster ist tagsüber ständig zugänglich und bietet im Sommer den Rahmen für das Festival Europäische Kirchenmusik (www.kirchenmusik-festival.de).

Echt gut!

Mittelalterliche Fachwerkbauten und barocke Bürgerhäuser sowie das Rathaus (1760) säumen den ***Marktplatz** mit dem farbenfrohen Marienbrunnen. Erhalten blieben auch Teile der Stadtmauer und sechs ihrer Türme.

Das **Kulturzentrum Prediger** am Johannisplatz ging aus dem im 18. Jh. von Dominikus Zimmermann barock umgestalteten mittelalterlichen Dominikanerkloster hervor. Hier befindet sich das Museum für Natur und Stadtkultur (Di–Fr 14–17, Do bis 19, Sa, So 11–17 Uhr). In der Nähe zeigt das Silberwaren- und Bijouteriemuseum **Ott-Pausersche Fabrik**, wie einst in einer Silberfabrik gearbeitet wurde. Nach dem Dreißigjährigen Krieg hatte das Gold- und Silberschmiedehandwerk Schwäbisch Gmünd eine neue Blüte gebracht. Das Museum zeigt Arbeitsplätze des 19. Jh. und Schmuckausstellungen (Milchgässle 10, Tel. 071 71/3 89 10, Mitte April–Mitte Okt. Di–Fr 14–17, Do bis 19 Uhr, Sa, So 11–17 Uhr).

9 **Im Land der Staufer** Schwäbisch Gmünd › Lorch › Ruine Hohenrechberg › Göppingen › Geislingen › Oberes Filstal › Wiesensteig › Urweltmuseum Hauff › Kirchheim unter Teck › Ruine Teck

10 **Burgruinen und Fachwerkromantik** Nürtingen › Hohenneuffen › Bad Urach › Münsingen › Landgestüt Marbach › Das Lautertal

Karte Seite 88

Eine gut erhaltene Gründung der Staufer: Kloster Lorch

Info

■ **i-Punkt**

Marktplatz 37/1
73525 Schwäbisch-Gmünd
Tel. 071 71/603 42 50
www.schwaebisch-gmuend.de

Hotels

■ **Hotel Fortuna**

Hauberweg 4
Tel. 10 90
www.fortuna-hotels.de

Vier-Sterne-Hotel direkt am Bahnhof, mit großem Wellnessbereich. ●●

■ **City Hotel Pelikan**

Türlensteg 9
Tel. 971 71 35 90
www.hotel-pelikan.com

Ruhiges Hotel in der Altstadt mit komfortablen, zweckmäßigen Zimmern. ●●

Restaurant

■ **Brauereigaststätte Kübele**

Engelgasse 2
Tel. 6 15 94

Gute Saisonküche mit Wild, Pilzen, Spargel und feinen Maultaschen. ●●

Lorch 17

In Lorch (11 000 Einw.) wollten sich die Staufer im 12. Jh. eine Grablege schaffen und gründeten dazu ein Benediktinerkloster. Allerdings wurde kein einziger Kaiser hier beigesetzt, nur einige Verwandte. Kernstück des einstigen Klosters ist die romanische **Pfeilerbasilika** mit Rundturm. Über die Geschichte des Klosters informiert eine Ausstellung. In der Nähe wurde ein römischer Wachturm nachgebaut, führte doch hier der Limes vorbei (Tel. 071 72/92 84 97, www.stadtlorch.de, tgl. 10–17 Uhr).

Ruine Hohenrechberg 18

An die Zeit der Staufer erinnert die 1355 erstmals erwähnte Burg Hohenrechberg beim Gmünder Stadtteil Rechberg. Jahrhundertelang trotzte sie allen Angriffen, bis ein Wintergewitter sie 1865 in Schutt und Asche legte. Doch die

Ruine ist noch höchst imposant (www.ruine-rechberg.de, Di–So 11 Uhr bis zur Dämmerung).

In der **Burgschänke Rechberg** wird die hauseigene Spezialität Pfannkuchen serviert, darüber hinaus leckere Waffeln und Kuchen (Tel. 071 71/434 19, Di–So 11–22 Uhr ●).

Göppingen 19

»Hohenstaufenstadt« nennt sich Göppingen (58 000 Einw.) zu Recht, denn auf dem Bergkegel über der Stadt baute das spätere Kaisergeschlecht ab 1079 seinen Stammsitz. Die hohen Herrschaften besuchten ihr Zuhause allerdings selten, sondern weilten lieber in südlicheren Gefilden. Nach dem Untergang der Staufer übernahmen die Grafen von Württemberg die Burg, die im Bauernkrieg 1525 zerstört wurde. Wie sie damals aussah, zeigt ein Fresko in der Göppinger Oberhofenkirche.

Aus der Stauferzeit stammt auch die *Stiftskirche aus dem 13. Jh. im Stadtteil Faurndau. Sie ist ein **Musterbeispiel romanischer Kirchenkunst** mit reichem Außenschmuck und Fresken.

Im Göppinger **Renaissance-Schloss** residieren heute Behörden; dennoch lohnt sich ein Blick auf die »Rebenstiege«, eine Wendeltreppe, die mit einem verzweigten Weinstock verziert ist. Im Stadtzentrum lockt die Hauptstraße mit dem Marktplatz, die zusammen mit den umliegenden Straßen und Gassen eine schöne Fußgängerzone bildet. Brunnen und Wasserläufe beleben die Szenerie. Straßencafés und Lokale laden bei gutem Wetter zum Aufenthalt ein.

Alte und junge Eisenbahnfans bekommen in der ***Märklin-Erlebniswelt** glänzende Augen, wenn sie vor alten und neuen Modelleisenbahnen stehen, darunter wahre Raritäten › S. 19.

Restaurant

Gasthof Parkstube
Beckhstraße 24
Göppingen-Faurndau
Tel. 071 67/92 98 92,
www.park-stube.de
tgl. 11.30–14, 17.30–22 Uhr
Das beliebtes Restaurant mit Gartenwirtschaft bietet deutsche und griechische Spezialitäten. Auch Hotel. ●●

Wanderung auf den Hohenstaufen

Eine etwa dreieinhalbstündige Wanderung führt vom Wanderparkplatz am Ortsausgang über den Aussichtspunkt Spielburg auf den 686 m hohen Hohenstaufen. Von der Stammburg der Staufer sind nur noch Grundmauern erhalten, doch bietet sich von dem freistehenden Bergkegel nach allen Seiten ein großartiger Rundblick. Beim Rückweg über den Ort Hohenstaufen, wo in einem Dokumentationsraum die Geschichte der Staufer dargestellt wird, geht es über die Kaiserbergsteige und den Wannenhof am Wohngebiet Stauferpark vorbei zum Ausgangspunkt. Auf dem 14 km langen Rundweg sind 300 m Höhenunterschied zu bewältigen.

Karte Seite 88

Info

■ **i-punkt im Rathaus**
Hauptstr. 1
73033 Göppingen
Tel. 071 61/ 650-292
www.goeppingen.de

Hotel

■ **Hotel-Restaurant Hohenstaufen**
Freihofstr. 64
Tel. 67 00
www.hotel-hohenstaufen.de.
Gut geführtes Haus in ruhiger Stadtlage, mit Restaurant und Kaminbar. ●●

Göppingen und Hohenstaufen

Geislingen an der Steige 20

»Fünftälerstadt« nennt sich Geislingen (26 900 Einw.) wegen der hier fächerförmig zusammentreffenden Täler, die tief in die Schwäbische Alb hineingreifen. Doch dann geht es steil aufwärts, und beim Bau der Eisenbahn 1847–1850 war es nötig, mit der bis dahin steilsten Bahnstrecke die Geislinger Steige zu überwinden. Noch heute ist dieser Abschnitt auf der ICE-Linie Stuttgart–Ulm unverändert in Betrieb.

Ein beschilderter Rundgang durch die fast vollständig erhaltene mittelalterliche Kernstadt beginnt bei der **Stadtkirche**, einer spätgotischen Pfeilerbasilika. Hier beeindrucken besonders das wertvolle Chorgestühl von Jörg Syrlin von 1512 sowie der wenig später entstandene ausdrucksvolle Altar. Höhepunkte unter den Fachwerkhäusern der Altstadt sind der **Alte Zoll** und der **Alte Bau** (beide 15. Jh.). Letzterer diente als Fruchtkasten und beherbergt heute Sammlungen zur Heimatgeschichte. Hoch darüber in schönster Aussichtslage die Ruine der im 12. Jh. gegründeten Burg der Grafen von Helfenstein.

Info

■ **Stadtinformation**
Hauptstr. 1
73312 Geislingen/Steige
Tel. 073 31/24-0
www.geislingen.de

Restaurant

■ **Landgasthof Ochsen**
Degenfelder Str. 23
73312 Geislingen-Eybach,
Tel. 620 51
www.ochsen-eybach.de
Fisch- und Wildspezialitäten in idyllischer, ruhiger Lage im romantischen Eybtal. ●●

Shopping

In der **Fischhalle** in der Eberhardstraße bekommt man nahezu das gesamte WMF-Sortiment an Kochgeschirr, Bestecken, Küchenaccessoires etc. (Mo–Fr 9.30–18, Sa 9.30–16 Uhr, www.fischhalle.wmf.de).

Karte Seite 88

Sonnenuhr am Badhaus von Bad Überkingen

Oberes Filstal 21

Zu beiden Seiten des oberen Filstals, auch »Geißentäle« genannt, ragen steile Felswände empor. Besonders eindrucksvoll ist die durch einen Bergrutsch entstandene Hausener Wand.

Die Orte **Bad Überkingen** (4000 Einw.) und **Bad Ditzenbach** (3800 Einw.) haben sich dank ihrer ergiebigen Thermal-Mineralquellen mit Wassertemperaturen von 35–36 °C zu beliebten Heilbädern entwickelt. In beiden Orten laden Thermalbäder zur Erholung ein.

Info

■ **Kurverwaltung**
Gartenstraße 1
73337 Bad Überkingen,
Tel. 073 31/96 19 19
www.bad-ueberkingen.de

■ **Tourismusbüro**
Haus des Gastes
73342 Bad Ditzenbach
Tel. 073 34/69 11
www.badditzenbach.de

Hotel

■ **Bad-Hotel**
Otto-Neidhart-Platz 1
73337 Bad Überkingen
Tel. 073 31/30 20
www.bad-hotel.de
Ideenreich gestaltetes Haus am Kurpark. Wellnessangebote. ●●

Restaurant

■ **Gasthof-Restaurant Hirsch**
Unterdorfstr. 2
73342 Bad Ditzenbach-Gosbach
Tel. 073 35/963 30
www.hirsch-badditzenbach.de
Ruhetag Mo, Di bis 17 Uhr
Stilvolles Traditionshaus in 200-jährigem Fachwerkgebäude mit gemütlichen Zimmern; mehrfach ausgezeichnete Küche, eigene Brennerei. ●●

Wiesensteig 22

In Wiesensteig (2400 Einw.) umgeben schöne Fachwerkhäuser den Marktbrunnen, den ein Elefant als Säulenfigur bewacht. Dass die nicht gerade albtypische Spezies der Elefanten in Wiesensteig heimisch ist, liegt an den Grafen von Helfenstein. Diese führten den Dickhäuter im Wappen, und als das Geschlecht im 17. Jh. ausstarb, blieb der Elefant der Stadt als Wappentier erhalten. Das Mitte des 16. Jhs. erbaute **Residenzschloss** der Helfensteiner wird als Bürgerhaus und Konzertsaal genutzt. Hauptsehenswürdigkeit

Karte Seite 88

Wiesensteigs ist jedoch die **Pfarrkirche St. Cyriakus,** die nach Zerstörungen im Dreißigjährigen Krieg neu aufgebaut werden musste. Der barocke Chorraum und das klassizistische Schiff entstanden im 18. Jh. Der 1704 in Wiesensteig geborene, in Bayern als Hofbildhauer tätige Johann Baptist Straub steuerte mehrere Arbeiten zur Ausstattung bei.

Schertelshöhle

Eine leichte, gut beschilderte Wanderung führt von Wiesensteig durch ein sanftes Wiesental am Filsursprung vorbei und dann auf Waldwegen zur 212 m langen Schertelshöhle. Dort sind in zwei Gängen prächtige Tropfsteine und Sinterbildungen zu bewundern. Die Wanderung ohne Höhlenführung (30 Min.) dauert für Hin- und Rückweg 2,5 bis 3 Stunden (15. Mai–1. Okt. tgl. 10–17 Uhr, sonntags schon ab Palmsonntag bis 15. Nov.).

Info

■ **Verkehrsamt**
Hauptstr. 25
73349 Wiesensteig
Tel. 073 35/96 20-0,
www.wiesensteig.de

6 **Urweltmuseum Hauff 23

Nirgendwo auf der Welt wurden so zahlreiche Skelette von Sauriern und andere Versteinerungen gefunden wie bei Holzmaden am Fuß der Schwäbischen Alb. Das Urweltmuseum Hauff zeigt eine ungewöhnlich reiche Sammlung an versteinerten Sauriern, Ammoniten, Wasserpflanzen und Fischen aus dem Jurameer, das vor 180 Millionen Jahren weite Teile Europas bedeckte. Glanzstücke sind ein Ichthyosaurier-Muttertier mit fünf Embryonen im Leib, Krokodile, Flugsaurier und eine riesengroße Seelilienkolonie.

Auf dem schön gestalteten Freigelände versammeln sich im Dinopark zwischen urweltlichen Schachtelhalmen, Gingko- und

Echt gut!

Archäologische Sensationen

■ Im Stuttgarter Landesmuseum findet man Keltenkunst in höchster Blüte: Der **Keltenschatz von Hochdorf** birgt feinsten Schmuck, einen goldverzierten Wagen, eine Bronzeliege sowie einen Kessel mit Löwenköpfen › S. 68.

■ Das älteste Kunstwerk der Menschheit aus Mammutelfenbein befindet sich im Ulmer Museum: der vor ca. 30 000 Jahren geschnitzte **Löwenmensch** › S. 123.

■ Urweltmuseum Holzmaden: Hier gibt es bestens erhaltene Funde aus dem Posidonienschiefer – z.B. eine filigrane Seelilienkolonie und einen **Ichthyosaurier mit Embryonen** im Leib › S. 93.

■ Auf dem Gelände des ehemaligen größten römischen Reiterkastells diesseits der Alpen liegt das **Limesmuseum Aalen** mit seinem ArchäoPark. Hier kann man hervorragend erhaltene Waffen, Schmuck und eine 6,5 m hohe Säule zu Ehren Jupiters besichtigen › S. 133.

Mammutbäumen acht lebensgroße Modelle von Sauriern des Erdmittelalters (Aichelberger Str. 90, 73271 Holzmaden, Tel. 070 23/28 73, www.urweltmuseum.de, Di–So 9–17 Uhr).

*Kirchheim unter Teck 24

Eingebettet ins weite Vorland der Schwäbischen Alb zeigt sich Kirchheim (39 800 Einw.) als malerische, von Fachwerkhäusern geprägte Stadt. Das einheitliche Stadtbild wurde 1690 nach einem Brand nach herzoglicher Bauordnung geschaffen. Im Zentrum liegt der Marktplatz mit einem Prachtstück von **Fachwerkrathaus** (um 1724). Besonders beachtenswert ist die Mondphasenuhr am Turm. Die spätgotische **Martinskirche** stammt aus dem 14./15. Jh. Der wuchtige Turm mit welscher Haube wurde im 16. Jh. Teil der Stadtbefestigung, zu der auch das 1538–1543 erbaute, mächtige, vierflügelige **Schloss** gehörte (Mai–Okt. Mi–Fr 14–17, Sa, So, Fei 11–16 Uhr).

Ruine Teck 25

Auf einem Bergsporn über Kirchheim erhebt sich der spitze Turm der Ruine Teck. Im 11. Jh. nahmen die Herzöge von Zähringen die einst stattliche Burg in Besitz. Drei Jahrhunderte später waren die »armen Rittersleut'« so knapp bei Kasse, dass sie ihre gesamte Herrschaft an die Württemberger veräußern mussten. Heute sind lediglich noch die Grundmauern der alten Burg und der weithin sichtbare, spitze Aussichtsturm erhalten, von dem man einen herrlichen Blick ins Tal hat. Im Burghof bietet das Wanderheim Burg Teck eine große Gartenwirtschaft. Die Teck ist von mehreren Wanderparkplätzen auf Halbhöhenlage in etwa 30 Min. zu erreichen (Tel. 070 21/552 08, www.schwaebischer-albverein.de/wanderheime, Ruhetag Mo ab 14 Uhr und Di ●).

Info

■ **Kirchheim-Info**
Max-Eyth-Str. 15
73230 Kirchheim unter Teck
Tel. 070 21/30 27
www.kirchheim-teck.de

Hotels

■ **Hotel zum Fuchsen**
Schlierbacher Str. 28
Tel. 57 80
www.hotel-fuchsen.de
Vier-Sterne-Hotel mit freundlich-modern eingerichteten Zimmern und entspannender Gartenterrasse. ●●

■ **Waldhorn**
Am Marktplatz 8
Tel. 92 24 0
www.stadthotelwaldhorn.de
Mitten in der Altstadt und doch ruhig gelegenes, familiär geführtes Hotel in schönem Fachwerkhaus. ●●

Restaurants

■ **Gasthaus zum Rad**
Dreikönigstr. 12,
Tel. 27 34
So Ruhetag
Ein typisches Restaurant mit schönem Lokalkolorit und bodenständigem Essen. ●●

Karte Seite 88

■ Teckkeller
Jesinger Str. 82
Tel. 557 83
Mi Ruhetag
Netter Gasthof mit Biergarten, schwäbische Küche, kinderfreundlich. ●●

Burgruinen und Fachwerkromantik

⑩ Nürtingen › Hohenneuffen › Bad Urach › Münsingen › Marbach › Lautertal

Länge: ca. 60 km (2 Tage)
Praktische Hinweise: Für Spaziergänge empfehlen sich unbedingt stabile (Wander-) Schuhe, da viele Albwege recht steil und steinig sind.

Für diese Bummelroute quer über die Schwäbische Alb vom Neckar bis fast an die Donau sollten Sie sich viel Zeit nehmen. Denn hier verlocken mächtige Burgruinen wie z.B. Hohenneuffen in markanter Aussichtslage zum Aufstieg. Außerdem liegen schöne Fachwerkstädtchen wie das lebendige Nürtingen oder das Kurbad Urach an der Strecke. In Marbach schließlich galoppieren Vollbluthengste über die Koppeln des gleichnamigen Landesgestüts und präsentieren sich bei den berühmten Paraden. Nebenan schlängelt sich die Lauter in engen Windungen durch ein liebliches Tal der Donau zu, in dem es sich herrlich spazieren lässt.

Kirchheims prachtvolles Fachwerkrathaus stammt aus dem 18. Jh.

Nürtingen 26

Malerisch spiegeln sich die spitzgiebeligen Häuser von Nürtingen (42 500 Einw.) im Neckar, überragt von der **Stadtkirche St. Laurentius**, einer spätgotischen Hallenkirche mit schönen Fresken. In der schmucken und lebendigen Altstadt fallen zahlreiche Fachwerkbauten auf, darunter die Alte Schmiede, das prächtige Riegersche Haus und der Salemer Hof. Nürtingen ist die Stadt Friedrich Hölderlins, denn im ehemaligen **Schweizer Hof** (heute Hölderlinhaus) verbrachte der Dichter seine Jugendjahre. Das Stadtmuseum widmet ihm einen eigenen Raum (Wörthstr. 1, Tel.: 070 22/363 34, Di, Mi, Sa 14.30–17, So 11–18 Uhr).

Info

- **Tourist-Info**
Rathaus
Marktstr. 7
72622 Nürtingen
Tel. 070 22/753 81
www.nuertingen.de

*Hohenneuffen 27

Schon von Weitem aus dem Neckarland zu sehen ist der Hohenneuffen (743 m), die mächtigste und eindrucksvollste Ruine der Schwäbischen Alb. Sie liegt auf einem etwas von der Albhochfläche abgesetzten Bergsporn. Die im 11. Jh. gegründete Burg wurde im 16. Jh. als Landesfestung mit Verteidigungsringen, Kasematten und Geschützplattformen ausgebaut und verfiel schließlich im 19. Jh.

In der **Burggaststätte** erwartet einen ein breites Suppen- und Vorspeisenangebot sowie schwäbische und internationale Küche. Kiosk im Burghof mit großer Sonnenterrasse (Tel. 070 25/22 06, www.hohenneuffen.de, Mo und Di Ruhetag, Nov.–März nur Sa, So geöffnet. ●●).

Der Uracher Schäferlauf

Nicht zimperlich dürfen die Mädels und Burschen sein, die im Stadion barfuß um die Wette »wetzen«, um die begehrte Schäferkrone zu erringen. Das bekannteste Volksfest der Schwäbischen Alb wird alle zwei Jahre (ungerade Jahreszahlen) veranstaltet; es geht auf eine Legende des 13. Jhs. zurück. Jahrhundertelang als Zunftfest begangen, überlebte die Veranstaltung mit Festzug, Volkstanz und dem Schauspiel um die »Schöne Schäferlies« in Urach bis heute als Volksfest. Ähnliche Feste werden in Markgröningen, Wildberg und Heidenheim an der Brenz gefeiert.

Wanderung auf den Hohenneuffen

Sowohl von Neuffen als auch von Beuren am Fuß des Hohenneuffen führen steile, gut bezeichnete Wanderwege zu der etwa 300 m höher gelegenen Ruine. Die Anstrengungen des Aufstiegs werden durch grandiose Fernblicke belohnt. Auf der Albhochfläche hinter der Ruine sind die Wälle und Gräben des »Heidengrabens« zu erkennen, einer keltischen Fliehburg, die auf drei Seiten durch Steilhänge vor Feinden geschützt war.

Nach Abstieg von der Ruine empfehlen sich ein Besuch im **Freilichtmuseum Beuren** mit hierher versetzten alten Gebäuden aus der Region (www.freilicht museum-beuren.de, April–Anfang Nov. Di–So 9–18 Uhr).

*Bad Urach 28

Den Besuch **einer der wohl schönsten Kleinstädte der Schwäbischen Alb** sollten Sie nicht versäumen. Das Herzstück von **Bad Urach** (12 000 Einw.) bildet der **Marktplatz,** den prächtige spätmittelalterliche Fachwerkhäuser umschließen, darunter das Rathaus von 1562. Ein Kleinod ist der spätgotische Marktbrunnen. In der nahen **Amanduskirche** beeindrucken der reich geschnitzte Betstuhl des Grafen Eberhard, Kanzel, Taufstein sowie viele Grabsteine aus Barock und Renaissance. An die Zeit, als Urach im 15. Jh. für einige Jahrzehnte Residenz im damals zweigeteilten Land war, erinnert das **Schloss,** ein hoher, massiver Fachwerkbau von 1443. Besonders sehenswert sind der Palmensaal, Goldener und Weißer Saal sowie eine spätgotische Säulenhalle. Im Schloss werden auch über 20 Prunkschlitten der württembergischen Herzöge gezeigt (Bismarckstraße 18, Di bis So 10–18 Uhr).

Das **Haus am Gorisbrunnen,** ein ungewöhnlicher Fachwerkbau mit stilistischen Anleihen bei italienischen Palazzi, wird als Stadthaus von Graf Eberhard gedeutet. Hartnäckiger hielt sich allerdings lange Zeit das Gerücht, der Graf habe hier einigen seiner unzähligen unehelichen Kinder eine angemessene Erziehung zuteil werden lassen. Hoch über der Stadt thront die **Ruine Hohenurach,** im 16. Jh. zur Festung ausgebaut und später dann verfallen.

Offizielles Heilbad ist Urach seit 1983. Das aus 770 m Tiefe aufsteigende mineralisierte Thermalwasser wird – von 61 °C auf 32 bis 38 °C abgekühlt – in den Becken der neu gestalteten **AlbThermen** angewendet (Tel. 071 25/943 60, www.albthermen.de, tgl. 9–22 Uhr).

Gegenüber des Kurzentrums führt der Weg durch das Maisental zum **Uracher Wasserfall**, dem größten auf der überwiegend wasserarmen Schwäbischen Alb. Aus dem Steilhang zur Albhochfläche quillt auf halber Höhe ein Bach, dessen Wasser einen hohen Prozentsatz an gelöstem Kalk enthält. Dieser Kalk bildete im Lauf der Jahrtausende eine Tuffnase, über die der Bach 37 m in freiem Fall in die Tiefe stürzt. Der Wasserfall ist vom Parkplatz aus in einer halben Stunde erreicht.

Das schmucke Fachwerkrathaus von Bad Urach

Info

Kurverwaltung Bad Urach
Bei den Thermen 4 (Haus des Gastes)
72574 Bad Urach
Tel. 071 25/943 20
www.bad-urach.de

Hotels

Graf Eberhard
Bei den Thermen 2
Tel. 071 25/14 80
www.hotel-graf-eberhard.de
Wohlfühl-Hotel mit schönem Ambiente. Wellness-Areal mit Gesundheits- und Beauty-Pauschalen. ●●●

Flair-Hotel Vier Jahreszeiten
Stuttgarter Str. 5
Tel. 071 25/943 40
www.flairhotel-vierjahreszeiten.de
Stattliches Fachwerkhaus in der Altstadt mit romantischen Zimmern. ●●

Camping

Campingplatz Pfählhof
Pfählhof 2
Tel. 071 24/80 98
www.pfaehlhof.de
Gepflegter Campingplatz in einem sehr schönen Tal mit einem kleinen Streichelzoo für Kinder. ●

Restaurants und Cafés

Gasthaus Hirsch
Lange Straße 8
Telefon 071 25/709 08
www.hirsch-badurach.de
Di Ruhetag
Gemütliche Wirtschaft mit überdachtem Innenhof. Regionale Frischeküche. Besonders empfehlenswert sind die Hirschspezialitäten. ●●

Landgasthof und Metzgerei Hirsch
Parkstr. 2
72813 St. Johann-Gächingen
Tel. 071 22/82 87-0
www.failenschmid.de
Mi Ruhetag
Herzhafte Gerichte wie Ochsenkotelett, Tellersülze, gelegentlich Wurst und Fleisch vom Albbüffel und Rohmilchkäse vom Biohof. ●

Speisecafé Schlössle
Wiesentalstraße 26 (Stadtteil Seeburg)
Telefon 073 81/31 20
www.speisecafe-schloessle.de
Die Villa aus dem 19. Jh. birgt ein Café, das tolle Torten fertigt. ●

Ruf Confiserie Conditorei Café
Franz-Josef Höner
Marktplatz 5 + 6
Telefon 071 25/85 68
www.cafe-ruf.de
Beliebtes Café mit großer Auswahl an Torten und Pralinen. Spezialität: Graf-Eberhard-Torte mit Champagnertrüffeln.

Münsingen 29

Münsingen (14 000 Einw.) ist eine typische Kleinstadt auf der Schwäbischen Alb mit einem hübschen **Fachwerkmarktplatz**. Im ehemaligen Schloss wurde ein Kapitel württembergischer Geschichte geschrieben: 1482 beschlossen Graf Eberhard im Bart und sein in Stuttgart residierender Vetter Eberhard der Jüngere im »Münsinger Vertrag«, dass das Land »für ewige Zeiten ungeteilt« bleiben solle.

Am südlichen Ortsrand erstreckt sich das ***Naturreservat Beutenlay.** Der 1895 angelegte, inzwischen nicht mehr genutzte Truppenübungsplatz Münsingen wurde von Siedlungen, Straßenbau, Flurbereinigung und intensiver wirtschaftlicher Nutzung weitgehend verschont. Stets durch Schafe beweidet, blieb hier eine parkartige Weidelandschaft erhalten, wie sie im 19. Jh. auf der Alb üblich war. Ein 45 km langes Wander- und Radwegenetz führt durch das ausgedehnte Gelände.

Karte Seite 88

Info

Tourist-Information
Bachwiesenstr. 7
72525 Münsingen
Tel. 073 81/182-145
www.muensingen.de

*Haupt- und Landgestüt Marbach 30

In das schon im Mittelalter von den württembergischen Landesherren zur Pferdezucht gegründete Gestüt kam im Zweiten Weltkrieg als »Flüchtling« aus Ostpreußen ein kräftiger Trakenerhengst, der zum Stammvater für diese Zucht von Warmblutpferden wurde. Daneben ist Marbach für seine Araberzucht bekannt. Bei den herbstlichen Hengstparaden begeistern sich Tausende von Zuschauern an den Vorführungen der geschickten Reiter und Wagenlenker. Ferner interessieren sich Käufer aus aller Welt für die edlen Vollblüter (Gomadingen-Marbach, Tel. 073 85/969 50, www.gestuet-marbach.de, tgl. 8–17 Uhr).

Wissenswertes über Pferde erfährt man im nah gelegenen **Gestütshof Offenhausen**. Direkt bei der Lauterquelle wurde in einer ehemaligen Klosterkirche aus dem 14. Jh. ein Gestütsmuseum eingerichtet, das über die Bedeutung der Pferdezucht informiert. Außerdem kann man hier mehrere historische Wagen, Geschirre und Sättel besichtigen (72532 Gomadingen-Offenhausen, Tel. 073 85/884, Di–Fr 14–17, Sa 13–17, So 10–12, 13–17 Uhr, im Winter geschlossen).

Beliebt: Paddeln auf der Lauter

Restaurant und Hotel

Gestütsgasthof Offenhausen
72532 Gomadingen-Offenhausen
Tel: 073 85/96 79-0
www.gule.de
Historische schwäbische Wirtschaft im Klosterhof. Lammspezialitäten, schwäbische Gerichte, literarische Menüs. In der Nähe liegt das dazugehörige Landhotel Gulewitsch mit modernen Zimmern und Familienappartements. ●●

*Lautertal 31

Die im Quelltopf des ehemaligen Klosterhofs Offenhausen entspringende Große Lauter schlängelt sich durch eines der lieblichsten Albtäler 40 km lang Richtung Donau. Im Tal liegen zwischen Wacholderheiden und saftigen Wiesen gemütliche Dörfer wie Hundersingen, Bichishausen oder Gundelfingen. Auf den Anhöhen reiht sich eine Burgruine an die andere – auf einem 15 km langen Streckenabschnitt findet man zehn dieser ehemaligen Burgen.

Tübingen und Hohenzollernland

Nicht verpassen!

- Eine romantische Stocherkahnfahrt auf dem Neckar in Tübingen
- Die Wanderung von Schloss Lichtenstein zur Nebelhöhle
- Eine Radtour durch den Donaudurchbruch bei Beuron
- Die spannende Führung durch Burg Hohenzollern

Karten S. 102, 107

Zur Orientierung

Auf der Schwäbischen Alb hat alles überschaubare Dimensionen. Der stete Wechsel an Landschaften, Kultur- und Stadterlebnis macht bei dieser Region den Reiz aus. Da fasziniert die ehrwürdige Universitätsstadt Tübingen mit jungem Flair in alten Mauern. Wenn zu Semesterbeginn rund 25 000 Studenten hier einziehen, beherrscht die Jugend die Szene zwischen Neckarbrücke, Marktplatz und Stift. Entsprechend erfrischend ist das kulturelle Angebot, von Weltklasse-Ausstellungen in der städtischen Kunsthalle über Theater und Konzert bis zu einer ansehnlichen Musik-, Kleinkunst- und Kneipenszene. Doch alles bleibt noch immer überschaubar und gemütlich – dafür sorgt schon die Topografie der Stadt zwischen dem Neckar und dem steilen Schlossberg. Ihr verdankt Tübingen seine besonders pittoresken Gassen mit Treppen – hier »Stäffele« genannt.

Direkt vor der Tür stehen barocke Klöster und Abstecher lassen in die Welt der Römer und Kelten eintauchen. Auch echten Fürsten kann man im südlichen Teil der Alb begegnen: Hier erstrecken sich die ehemaligen hohenzollerischen Lande, die Stammlande süddeutscher Grafen und Fürsten, preußischer Könige und deutscher Kaiser. Vom oberen Neckar über das Albvorland, die Schwäbische Alb, das Donautal und Oberschwaben führt die Touristikroute »Hohenzollernstraße«, an der die Schlösser Sigmaringen und Haigerloch sowie die berühmte Burg Hohenzollern liegen. Naturfreunde können sich auf schöne Tropfsteinhöhlen, den grandiosen Albdurchbruch der Donau und die höchsten Erhebungen des Mittelgebirges freuen.

Malerisch spiegelt sich Schloss Sigmaringen in der Donau

Dichter, Denker, Poeten

Wer hat, der hat – Tübingen allein kann mit seinen Dichtern, Denkern und Poeten lange Listen füllen. Insbesondere das Evangelische Stift, als »schwäbischer Olymp« bewundert, aber auch als »Pfaffenschmiede« bespöttelt, hat ein Stück europäischer Geistesgeschichte geschrieben: Johannes Kepler war »Stiftler«, ebenso Eduard Mörike, Ludwig Uhland, Wilhelm Hauff und Friedrich Theodor Vischer. Im gleichen Zimmer studierten Hegel, Hölderlin und Schelling. Goethe schaute des Öfteren bei seinem Verleger Cotta vorbei und Hermann Hesse war hier als Buchhändler tätig. So stößt man hier auf jede Menge Gedenktafeln. Und auch später meldete sich aus der Universitätsstadt nicht selten noch ein streitbarer kritischer Geist zu Wort: Walter Jens.

Touren in der Region

Romantisches Tübingen

– 11 – Neckarbrücke › Hölderlinturm › Evangelisches Stift › Schloss Hohentübingen › Marktplatz › Stiftskirche › Alte Aula › Unterstadt

Dauer: 3–4 Stunden
Praktische Hinweise: Parken Sie im Parkhaus Neckar bei der Neckarbrücke (Wöhrdstraße).

In der Stadt der kurzen Wege lassen sich die wichtigsten Sehenswürdigkeiten bei einem gemütlichen Stadtrundgang erleben. Zu Beginn bietet sich von der Neckarbrücke ein großartiges Stadtpanorama. Höchst fotogen ist auch der dreieckige Marktplatz mit dem bemalten Renaissance-Rathaus und dem Neptunbrunnen im Mittelpunkt der Stadt. Auch wenn der Weg recht steil ist – Schloss Hohentübingen sollte man schon wegen der herrlichen

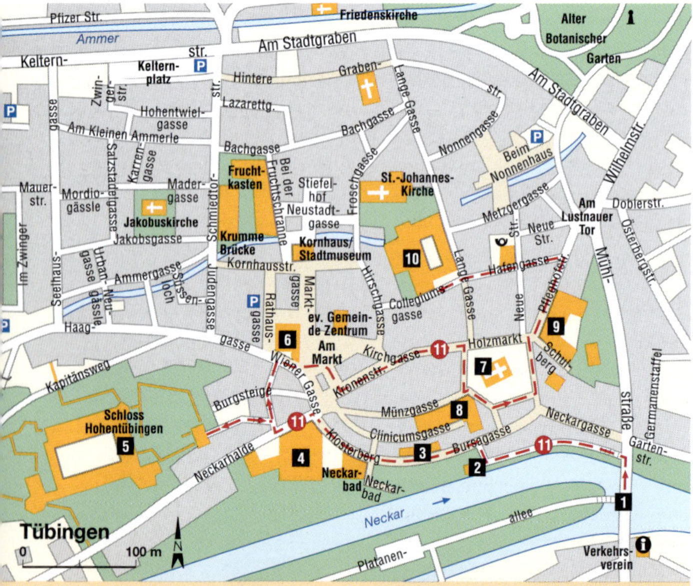

– 11 – Tübingen

1 Eberhardsbrücke
2 Hölderlinturm
3 Bursa
4 Evangelisches Stift
5 Schloss Hohentübingen
6 Rathaus
7 Stiftskirche
8 Alte Aula
9 Pfleghof des Klosters Bebenhausen
10 Wilhelmsstift

Karte Seite 102

Aussicht über die Stadt nicht abseits liegen lassen. Und in der Unterstadt, dem früheren Viertel der Winzer und Handwerker, zeigt sich auch baulich der Kontrast zur wohlhabenden Bürger- und Universitätsstadt.

*Neckarfront

Schon von der **Eberhardsbrücke** **1** lässt sich erahnen, was Tübingen zu bieten hat. Das **Panorama an der Neckarfront** gehört zu den berühmtesten Stadtbildern Süddeutschlands: Spitzgiebelige, Häuser kuscheln sich aneinander, behütet vom behäbigen Turm der Stiftskirche. Direkt am Wasser erhebt sich der gelbe Hölderlinturm, und hoch darüber thront Schloss Hohentübingen. Zwischen dem Fluss und einem parallel verlaufenden Seitenarm lädt die lauschige, im 19. Jh. angelegte Platanenallee zum Bummeln ein. Am gegenüberliegenden Hölderlinturm liegen zu Dutzenden die gondelähnlichen Stocherkähne, mit denen man sich gemütlich um die Neckarinsel herumstaken lassen und das schöne Panorama vom Fluss aus genießen kann (www.stocherkahnfahrten.eu).

Am Neckar entlang verläuft der Zwingel, ein Fußweg mit einer bis ins 13. Jh. zurückreichenden Zwingermauer, zum **Hölderlinturm** **2**. Eine Ausstellung im Turm erinnert an die Studienjahre des großen Poeten im Tübinger Stift und die Freundschaft mit Schelling und Hegel. Ausführlich ist auch die Zeit vor seinem Tod (1843) dargestellt, die der kranke Dichter ausschließlich im Turm verlebte, gepflegt vom Tischlermeister Zimmer (Di–Fr 10–12, 15–17, Sa, So, Fei 14–17 Uhr).

Oberhalb des Hölderlinturms erhebt sich die **Bursa** **3**, ein im 15. Jh. errichtetes Studentenwohnhaus. Es wurde 1803 im klassizistischen Stil zum ersten Tübinger Klinikum umgebaut. Wenige Schritte weiter folgt das **Evangelische Stift** **4** im Gebäude eines Augustinerklosters, seit 1535 Ausbildungsstätte und Wohnheim evangelischer Theologen.

*Schloss Hohentübingen 5

Steil führt die Burgsteige hinauf zum Schloss Hohentübingen. Der kurze Aufstieg lohnt sich wegen des Ausblicks ins Neckartal und über die Altstadtdächer ins jenseitige Ammertal. Das Schloss wurde ab 1505 an der Stelle einer Burg im Renaissancestil mit

Stocherkahnrennen

Am zweiten oder dritten Donnerstag im Juni findet das berühmt-berüchtigte Stocherkahnrennen rund um die Neckarinsel mit über 40 Kähnen statt – eines der lustigsten und wildesten Spektakel in Tübingen. Etliche Schikanen und ein »Nadelöhr« sind auf der 2 km langen Strecke zu überwinden. Die schrill kostümierten Mannschaften, von den Zuschauern kräftig angeheizt, sind nicht zimperlich im Hauen und Stechen, Abdrängen und Versenken der Kähne.

mächtigen Ecktürmen erbaut. Die vier Flügel umschließen einen rechteckigen Innenhof. Das **Museum Schloss Hohentübingen** zeigt eine bedeutende archäologische Sammlung. Glanzstücke sind altsteinzeitliche Elfenbeinschnitzereien, eine ägyptische Grabkammer sowie die griechische Bronzestatuette des »Tübinger Waffenläufers« (Burgsteige 11, Mi–So 10–17 Uhr).

7 *Marktplatz

Der dreieckige Marktplatz bildet einen der süddeutschen

Echt gut!

Höhepunkte der Platzgestaltung des 16. Jhs. Dazu trägt vor allem das prächtig bemalte ***Renaissance-Rathaus** 6 mit rundem Erker und reich verziertem Giebelaufbau bei. Dort zeigt eine kunstvolle astronomische Uhr (1511) mit Glockenspiel den Lauf der Himmelsgestirne an. Zum stimmigen Bild des Marktplatzes gehört auch der pittoreske **Neptunbrunnen** (17. Jh.).

Restaurants und Cafés

■ **Weinstube Forelle**
Kronenstr. 8][Tel. 070 71/240 94
www.weinstube-forelle.de
Denkmalgeschütztes, holzgetäfeltes Restaurant, dessen Wand- und Deckenmalereien schon Goethe bewunderte. Fantasievolle regionale Küche, Lamm und Albbüffel. ●●

■ **Kaffeehaus Ranitzky**
Am Marktplatz][Tel. 070 71/213 91
Vor der eindrucksvollen Marktplatzkulisse bietet das Ranitzky Kaffeespezialitäten, täglich wechselnde Gerichte und frische Tartes flambées. ●

Holzmarkt

Den Holzmarkt dominiert die spätgotische ***Stiftskirche St. Georg** 7. Im Mittelschiff fallen die reich verzierte Steinkanzel, ein Taufstein (Ende 15. Jh.) und das Altarbild des Dürer-Mitarbeiters Hans Schäufelein auf. Das mit Büsten würdiger Chorherren geschmückte Chorgestühl steht im Hauptschiff vor dem gotischen Lettner, weil der Chor seit Einführung der Reformation 1534 als Grablege der württembergischen Regenten diente. Im **Cottahaus** gegenüber dem Haupteingang der Stiftskirche, einst Sitz des berühmten Verlags, wohnte auch Goethe bei seinen Besuchen in Tübingen, wenn er mit dem Verleger verhandelte. In der anschließenden Münzgasse befand sich das Zentrum der ersten Universität, das mächtige Gebäude der **Alten Aula** 8. Bei Stadtführungen wird auch der ehemalige Studentenkarzer mit seinen markigen Sprüchen an den Wänden geöffnet. An der Chorseite der Stiftskirche erhebt sich der ehemalige **Pfleghof des Klosters Bebenhausen** 9 aus dem 15. Jh. mit einer spätgotischen Marienkapelle.

Unterstadt

Ganz anders als die obere, mehr dem Neckar zugewandte Stadt der bürgerlichen Oberschicht und der Akademiker bietet sich die Unterstadt als einstmals armes, heute romantisches Gewirr von engen Gassen und dem Lauf des Ammerkanals, wo sich schmale

Karte Seite 102

Häuser drängen. »Gôgei« heißt dieser Teil der Altstadt nach den »Gôgen«, wie die Weingärtner von Tübingen genannt wurden. Mittelpunkt ist hier die **Jakobuskirche** (um 1500), die einen schönen gotischen Chor besitzt. Der wuchtige Renaissance-Bau des **Wilhelmsstifts** **10** kommt in den engen Gassen kaum zur Geltung. Zwischen 1588 und 1592 erbaut, war die vierflügelige Anlage anfangs eine Akademie für den Adel; seit 1817 wohnen hier katholische Priesteramtsstudenten.

Das Rathaus von Tübingen

Außerhalb des Zentrums

Boxenstop

Kraftstrotzende Boliden und kuschelige Wohnzimmer-Atmosphäre: Im **Boxenstop**, dem privaten Auto- und Spielzeugmuseum im Osten Tübingens, ist das kein Widerspruch. Beim Anblick von Automobilschönheiten wie dem leuchtend blauen Bugatti Jahrgang 1928 oder dem knallroten Maserati von 1939 schmelzen Autofans dahin – vor allem wenn diese Ikonen von legendären Sportmotorrädern wie MV Augusta, Ducati oder Laverda umrahmt werden. Historische Fomel 1- und Indianapolis-Rennwagen sind ebenso zu bewundern wie Modelleisenbahnen und Puppenstuben. Und die Fülle kennt kaum Grenzen: Besichtigen kann man hier über 70 Autos, Motorräder, Fahrräder und tausend Spielsachen (Brunnenstraße 18, Tel. 070 71/929 00, www.boxenstop-tuebingen.de, April–Okt. Mi–Fr 10–12, 14–17, So 10–17, Nov. bis März So, Fei 10–17 Uhr).

Kunsthalle

International von sich reden gemacht hat die Kunsthalle im Norden der Stadt. Sie gibt sich zwar architektonisch bescheiden, zieht jedoch immer wieder durch außergewöhnliche Ausstellungen, häufig zu Themen der Klassischen Moderne, Besucher von weither an (Philosophenweg 76, Tel. 070 71/969 10, www.kunsthalle-tuebingen.de, Di–So 11–18 Uhr).

Info

Tourist Information
An der Neckarbrücke 1
72072 Tübingen
Tel. 070 71/913 60
www.tuebingen-info.de
Vermittelt auch Stocherkahnfahrten.

Hotels

■ **Hotel Krone**
Uhlandstr. 1][Tel. 133 10
www.krone-tuebingen.de
Vier-Sterne-Hotel nahe der Neckarbrücke mit langer Familientradition. ●●●

■ **Landhotel Hirsch**
Schönbuchstr. 28
72074 Tübingen-Bebenhausen
Tel. 609 30
www.landhotel-hirsch-bebenhausen.de
Gehobenes Hotel im Landhausstil beim Kloster Bebenhausen. Das Restaurant bietet ambitionierte Küche. ●●●

■ **Hotel am Schloss**
Burgsteige 18][Tel. 92 94
www.hotelamschloss.de
Schöne Lage am Schlosstor im Herzen Alt-Tübingens; im Restaurant gibt es schwäbisch-alemannische Küche. ●●

■ **Jugendherberge**
Gartenstr. 22/2][Tel. 230 02
www.jugendherberge-tuebingen.de
Direkt am Neckar gelegen, überwiegend einfache Mehrbettzimmer. ●

Restaurants

■ **Wurstküche**
Am Lustnauer Tor 8][Tel. 927 50
www.wurstkueche.com
tgl. 11–24 Uhr
Urschwäbische Beiz mit 200-jähriger Gastro-Geschichte. ●●

■ **Neckarmüller**
Gartenstr. 4][Tel. 278 48
www.neckarmueller.de
tgl. 10–1 Uhr
Gasthausbrauerei mit schönem Garten unter alten Kastanien am Neckar. ●

■ **Zoo-Tübingen**
Schleifmühleweg 86
Tel. 977 30 10
www.zoo-tuebingen.de
tgl. 11.30–24 Uhr
Kultige Institution für alle Generationen: Biergarten, Kinderspielplatz sowie Restaurant mit preiswerter Küche. ●

Naturwunder im Hohenzollernland

(12) Tübingen › Reutlingen › Schloss Lichtenstein › Sonnenbühl/Bären- und Nebelhöhle › Wimsener Wasserhöhle › Zwiefalten › Riedlingen › Heuneburg › Sigmaringen › Donaudurchbruch › Freilichtmuseum Neuhausen › Albstadt › Balingen › Haigerloch › Hechingen › Burg Hohenzollern › Tübingen

Länge: ca. 230 km (3–4 Tage)
Praktische Hinweise: Für den Besuch der auf dem Weg liegenden Höhlen empfiehlt sich selbst im Sommer rutschfestes Schuhwerk und eine Jacke oder ein Pullover.

Dieser Teil der Schwäbischen Alb führt zu Höhepunkten unter, auf und über der Erde. Am Weg liegen mit der Nebel- und der Bärenhöhle die schönsten Tropfsteinhöhlen des Gebirges. Ganz in der Nähe lohnt das zierliche Märchenschlösschen Lichtenstein einen Besuch. Einen Blick ins Himmelreich des Barock gewährt Zwiefalten, wo die Tour die Oberschwäbische Barockstraße berührt. In die Zeit der Kelten entführt die Heuneburg bei Herbertingen und auf Römerspuren kann man beim römischen Gutshof in Hechingen-Stein wandeln. Den landschaftlichen Höhepunkt setzt der Albdurchbruch der Donau, die sich auf ihrem Weg zum Schwarzen Meer einen Canyon durch das Kalkgebirge fräste. In diesem Teil der Alb liegen die höchsten Erhebungen des über 1000 m ansteigenden Gebirges, die »Zehn Tausender«. Durch das Kernland des Kaisergeschlechts der Hohenzollern führt die Hohenzollernstraße, der man streckenweise folgen kann. Hier laden Schloss Sigmaringen und Burg Hohenzollern zur Besichtigung ein. Übernachtungen bieten sich an in Reutlingen, Sigmaringen, Albstadt und Haigerloch.

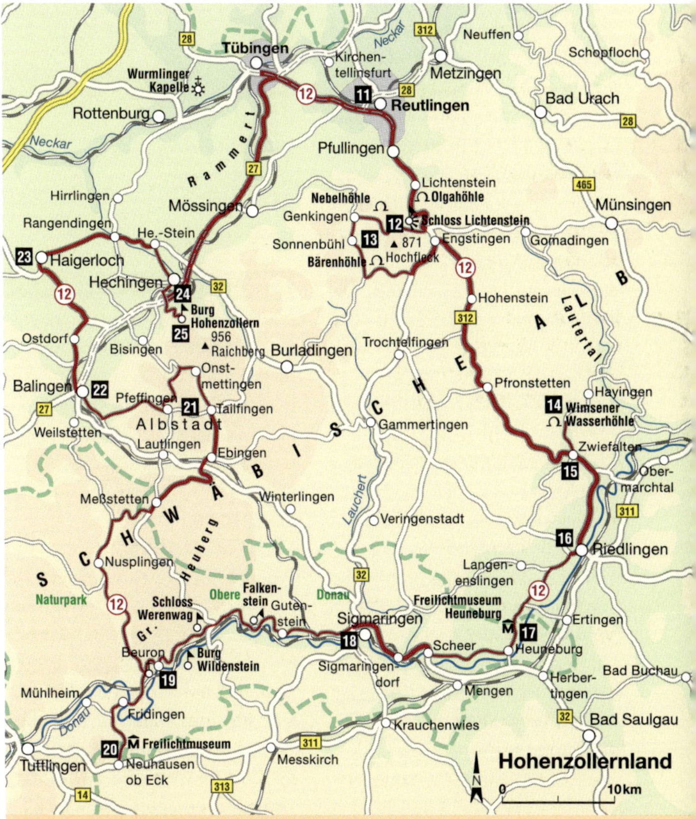

Hohenzollernland Tübingen › Reutlingen › Schloss Lichtenstein › Sonnenbühl/Bären- und Nebelhöhle › Wimsener Wasserhöhle › Zwiefalten › Riedlingen › Heuneburg › Sigmaringen › Donaudurchbruch › Freilichtmuseum Neuhausen ob Eck › Albstadt › Balingen › Haigerloch › Hechingen › Burg Hohenzollern › Tübingen

Reutlingen 11

In der ehemals Freien Reichsstadt Reutlingen (109 700 Einw.) gab es schon im 16. Jh. Textil- und Baumwollgewerbe, und im 19. Jh. begann ein deutlicher wirtschaftlicher Aufschwung. Während in der benachbarten Universitätsstadt Tübingen »der Geist wohne«, sei in Reutlingen »das Geld zu Hause« – so hieß es früher.

Im Zentrum der Stadt haben einige historische Straßenzüge mit schönen Fachwerkhäusern, kunstvollen Brunnen und das Tübinger Tor der mittelalterlichen Stadtbefestigung den Zweiten Weltkrieg überdauert. Die **Marienkirche** aus dem 13./14. Jh. zählt zu den schönsten Schöpfungen der schwäbischen Hochgotik. Das neue **Rathaus** aus den 1960er-Jahren schmückt im Foyer ein mächtiges Werk des berühmten Graphikers und Holzschneiders HAP Grieshaber (1909–1981), der auf der Achalm über Reutlingen sein Atelier hatte. Das Städtische **Kunstmuseum Spendhaus** widmet sich dem Werk Grieshabers sowie Wilhelm Laages; beide waren Meister des Holzschnitts im 20. Jh. (Spendhausstr. 4, Di–Sa 11–17, So 11–18 Uhr).

Abenteuerpark Schloss Lichtenstein

Um sich im Abenteuerpark Schloss Lichtenstein in luftiger Höhe von Baum zu Baum zu hangeln, sollte man gute Nerven haben und schwindelfrei sein: Der Hochseilgarten bietet acht Parcours mit verschiedenen Schwierigkeitsgraden, auf denen Anfänger und Profikletterer ihre Herausforderung finden. Die einfacheren sind bereits für Kinder ab 8 Jahren in Begleitung Erwachsener geeignet (Tel. 071 29/69 43 95, www.abenteuerpark-schlosslichtenstein.de, Mai–Anfang Sept. tgl. 9–19, bzw. 20 Uhr, Sept./Okt. Mo–Fr 12–18.30, Sa, So, Fei 9–18.30).

Info

■ **Touristinformation**
Listplatz 1
72764 Reutlingen
Tel. 071 21/303 26 22
www.tourismus-reutlingen.de

Hotel

■ **Fürstenhof**
Kaiserpassage 5
Tel. 071 21/303 26 22
www.fuerstenhof-reutlingen.de
Modernes Hochhaus mit 50 behaglichen Zimmern in ruhiger Lage. ●●

*Schloss Lichtenstein 12

Wo sich am Ende des Echaztals die Straße in engen Kurven den Albtrauf hinaufwindet, klebt hoch über Lichtenstein-Honau Schloss Lichtenstein mit seiner markanten Silhouette auf einer steilen Felsnadel. Wilhelm Hauffs Roman »Lichtenstein« inspirierte 1840 den schwärmerischen Grafen von Württemberg zum Bau dieses **»Bilderbuchschlösschens«** Echt gu an der Stelle einer ehemaligen mittelalterlichen Burg. Bei Führungen werden u. a. Ahnensaal

Karte Seite 107

Schloss Lichtenstein ist das Märchenschloss Baden-Württembergs

und Rittersaal besichtigt, wo viele Figuren aus Hauffs historischem Roman dargestellt sind. Künstlerisch bedeutend sind die Glasmalereien in der Schlosskapelle aus dem 14./15. Jh. sowie ein Altarflügel des unbekannten Meisters von Lichtenstein (Tel. 071 29/ 41 02, www.schloss-lichtenstein.de, April–Okt. tgl. 9–17.30, Nov., Febr., März Sa, So, 10–16 Uhr).

Vom Schloss Lichtenstein führt ein beschilderter Wanderweg zur knapp 4 km entfernten ***Nebelhöhle**. Er ist auch mit Kindern gut zu bewältigen und verläuft teils in offenem Gelände, teils im schattigen Wald.

Restaurant

■ **Altes Forsthaus**

Schloss Lichtenstein 1

Tel. 071 29/24 40

Schwäbische Küche und Wildspezialitäten im ehemaligen Forsthaus auf dem Burgfelsen direkt neben dem Schloss mit tollem Blick über das Echaztal. ●●

Sonnenbühl 13

Zur Gemeinde Sonnenbühl (7000 Einw.) gehören **zwei der bekanntesten Höhlen der Schwäbischen Alb** (www.soennenbuehl.de).

Echt gut!

8 Die 380 m lange ***Nebelhöhle** bei Genkingen diente im Roman »Lichtenstein« von Wilhelm Hauff dem vertriebenen Herzog Ulrich von Württemberg als Zuflucht. Die gewaltigen Tropfsteingebilde in den Hallen versetzen in unterirdische Märchenreiche. Ähnlich geheimnisvoll wirkt die ***Bärenhöhle** beim Ortsteil Erpfingen mit ihrer Feenwelt aus fantastischen Sinterbildungen und Tropfsteinformationen. In dem 271 m langen Höhlensystem mit sieben mächtigen Hallen wurden bis zu 20 000 Jahre alte Bärenskelette gefunden – offensichtlich war es ein Sterbeplatz der Tiere (April–Ende der Herbstferien tgl. 9–17.30 Uhr, März, Nov. Sa, So 9–17 Uhr).

Vor der Höhle befindet sich der kleine Vergnügungspark **Traumland auf der Bärenhöhle** mit Karussells und Streichelzoo › S. 18.

Wimsener Wasserhöhle 14

Etwa 4 km nördlich von Zwiefalten bietet die Wimsener Wasserhöhle, auch Friedrichshöhle genannt, sogar in der an Höhlen reichen Schwäbischen Alb etwas Einmaliges: Mit einem Kahn für zehn Personen wird man durch den Höhlenmund 70 m in das Berginnere gefahren, während der Fährmann Interessantes über die Höhle erzählt. Anschließend kann man in im Gasthof Friedrichshöhle schwäbisch speisen (www.wimsen.de, Mitte März bis Okt. tgl. 10–18 Uhr, nicht bei Hochwasser).

*Zwiefalten 15

Schon von Weitem sind die Türme des Münsters in Zwiefalten (2200 Einw.) zu erkennen, ein bedeutendes Bauwerk des Spätbarocks deutscher Prägung. Es wurde 1744–1765 als Kirche einer Benediktinerabtei von Baumeister Johann Michael Fischer errichtet. Mit dem Deckenfresko im Tonnengewölbe schuf Franz Joseph Spiegler eines seiner Spitzenwerke. Auch die Stuckarbeiten von Johann Michael Feichtmayr und das barocke Chorgestühl von Joseph Christian gelten als Höhepunkte dieser sinnenfrohen Epoche (Sommer 9.30–18 Uhr, Winter So, Fei bis 16 Uhr).

Info

- **Touristinformation im Rathaus**
88529 Zwiefalten
Tel. 073 73/205 20
www.zwiefalten.de

Restaurant

- **Gasthof Post**
Hauptstr. 44
Tel. 073 73/302
www.zwiefalten.de/Gasthof-Post
Gute Adresse in Klosternähe: Spezialität frische Forellen, saisonale Gerichte wie Spargel, Pfifferlinge und Wild. ●●

Die Rückkehr der Büffelherden

Schon vor vielen tausend Jahren war der Wasserbüffel auf der Schwäbischen Alb ausgestorben, doch vor einigen Jahren wurden die Urviecher hier wieder angesiedelt. Beim Rinder- und nun auch Büffelzüchter Willi Wolf ist inzwischen eine größere Herde mit etwa 150 Tieren auf der Weide zu beobachten. Die Kolosse haben sich hier hervorragend eingelebt und sind zu echten Besuchermagneten geworden (Steinhilber Str. 17, Hohenstein-Meidelstetten, 3 km westlich der B 312 Lichtenstein-Zwiefalten Tel. 073 87/579, www.williwolf.de, Albbüffel-Führungen zu Fuß und zu Pferd). Auch ihre »inneren« Qualitäten sind beachtlich: Es gibt köstliche Milch- und Käseprodukte sowie Fleisch und Wurstspezialitäten in Bioqualität (Infos zu den Herstellern: Tel. 071 22/828 70, www.albbueffel.de).

Riedlingen an der Donau 16

Schon auf der Donaubrücke begrüßt ein Storch die Besucher von Riedlingen (10 400 Einw.), allerdings als Bronzeplastik. Bunt bemalte Exemplare bevölkern die ganze Stadt. Aber man kann die weißen Vögel im Donautal auch «in echt» häufig beobachten, da sie in den feuchten Niederungen reichlich Nahrung finden und auf so manchem hohen Gebäude brüten – auch auf dem imposanten ehemaligen Kaufhaus mit Staffelgiebel, in dem heute der Bürgermeister residiert. Mit Fachwerkgebäuden, Türmen, Toren und dem Marktplatz mit seinen schmucken Bürgerhäusern lohnt die Kleinstadt einen Bummel.

Eine der eindrucksvollsten Klosteranlagen in Südwestdeutschland ist **Heiligkreuztal** 6 km westlich von Riedlingen gelegen. Von 1227 bis 1804 war es ein Zisterzienserinnenkloster, heute ist es eine Bildungsstätte. Die frühgotische Klosterkirche birgt eindrucksvolle Glasmalereien, darunter auch eine berühmte Christus-Johannes-Minne von 1312 in beeindruckender Farbigkeit sowie Fresken des Meisters von Meßkirch. Die Decke über dem Nonnenchor wurde 1754 von Stuckateur Joseph Anton Feuchtmayer barock umgestaltet (Am Münster 11). Idyllisch direkt am Klosterweiher liegt das Café-Restaurant **Der Klosterhof** mit einer schönen Seeterrasse (Tel. 073 71/92 35 11, www.der-klosterhof.de). ●●

Eindrucksvoll inszeniert: die Bärenskelette in der Bärenhöhle

Info

■ **Tourist-Info**
Marktplatz 1
88499 Riedlingen
Tel. 073 71/183-55
www.riedlingen.de

Heuneburg 17

Ein beachtliches Zeugnis vom Herrschaftszentrum keltischer Fürsten gibt das ****Europäische Kulturdenkmal Heuneburg.** Echt gut! Auf einer Anhöhe über der Donau entstand in der Hallstattzeit (5./6. Jh. v. Chr.) dieser Fürstensitz. Im **Freilichtmuseum** wurden am ursprünglichen Standort keltische Gebäude rekonstruiert. (April bis Okt. Di–So 10–16.30, Juli–Aug. bis 18 Uhr; Führungen Freilichtmuseum Juli–Sept. 1. Sa im Monat 14 Uhr). Im **Heuneburgmuseum,** sind die keltischen Funde ausgestellt (Ortsstr. 2, Herbertingen-Hundersingen, Tel. 075 86/91 73 03, www.heuneburg.de, Juli, Aug. Di–So. 10–18.30, April–Juni, Sept., Okt. Di–So 10–16.30 Uhr).

Sigmaringen 18

Fotogen thront ****Schloss Sigmaringen** auf einem 50 m hohen Jurafelsen über der Donau, **eines der drei Hohenzollernschlösser und das am besten erhaltene.** Es entwickelte sich während vieler Bauepochen von der mittelalterlichen Burg des 10. Jhs. zum repräsentativen Schloss der Linie Hohenzollern-Sigmaringen. Wegen verwandtschaftlicher Bande zum preußischen Hohenzollern und freundschaftlicher Beziehungen zur Familie Napoleons überlebte das Fürstentum Hohenzollern 1806 die Neuordnung Europas. Bei Führungen werden 16 der schönsten von insgesamt 400 Räumen gezeigt, darunter Salons, das Königszimmer und die Portugiesische Galerie. Eine der größten privaten Waffensammlungen Europas mit ca. 3000 Objekten, Miniaturensammlungen, Gemäldegalerien, Marstallmuseum mit Jagd- und Galawagen, frühgeschichtliche Objekte und die Hohenzollernsche Hofbibliothek bezeugen die Sammlertätigkeit der Fürsten. Am Fuß des Schlosses laden das Fürstliche Kunstmuseum mit seinen Gemälden aus dem 15./16. Jh. und das Museum zum fürstlichen Reisealltag zum Besuch (Karl Anton Platz 8, Tel. 075 71/729-230, www.hohenzollern.com, Mai–Okt. tgl. 9–17, Nov.–Febr. 10–15.30, März, April 9.30–16.30 Uhr).

Echt gut!

In der Stadt (17 000 Einw.) zählt die **Pfarrkirche St. Johann** zu den wichtigsten Sehenswürdigkeiten. Der prächtige Barockbau wurde von bedeutenden Künstlern der Zeit ausgestaltet: die großartige Ausmalung stammt von Andreas Meinrad von Ow und die Altaraufbauten von Johann Michael Feichtmayr. Weitere beachtenswerte Bauwerke sind der **Runde Turm**, einst Teil der Stadtbefestigung und heute Heimatmuseum, sowie das im 19. Jh. erbaute Hoftheater, Prinzenbau und Ständehaus. Südlich der Stadt, im Herzen des Sigmaringer Forsts, lohnt der hohenzollernsche **Wild- und Wanderpark Josefslust** einen Besuch.

Info

Tourist Info
Schwabstraße 1
72488 Sigmaringen
Tel. 075 71/10 62 24
www.sigmaringen.de

Hotel

Hotel Fürstenhof
Zeppelinstr. 14
Tel. 075 71/72 06-0
www.fuerstenhof-sig.de
Großzügiges, modernes Haus in ruhiger Stadtrandlage mit Sauna und Fitnessraum. Es bietet auch Appartments. ●●

Restaurant

Hotel-Gasthof Traube
Fürst-Wilhelm-Str. 19
Tel. 075 71/645 10
www.hotel-traube-sigmaringen.de
Im denkmalgeschützten Fachwerkhaus von 1722 locken in gemütlichen Räumen oder auf der Sommerterrasse köstliche kulinarische Klassiker aus dem Ländle. ●●

Karte Seite 107

9 **Donaudurchbruch 19

Westlich von Sigmaringen beginnt die bizarre Landschaft des Donaudurchbruchs. Windungsreich durchschneidet die Donau hier die Schwäbische Alb. Über 200 m tief ist stellenweise die von alpin anmutenden Felswänden flankierte Schlucht, die von der in Urzeiten wesentlich mächtigeren Donau gebildet wurde. An den schroffen Hängen »kleben« Burgen und Ruinen. Besonders eindrucksvoll und am besten erhalten sind die Schlösser Werenwag und Bronnen (beide nicht öffentlich) sowie die Burg Wildenstein (Jugendherberge, Gaststätte).

Wo sich in einer großen Schleife das Tal weitet, erhebt sich in Würde die ***Benediktiner-Erzabtei Beuron**. Der Legende nach soll ein Hirsch mit leuchtendem Geweih dem Adligen Peregrin von Hoßkirch den Platz gewiesen haben, an dem er 1077 ein Augustinerkloster gründete. 1802 wurde es aufgehoben, doch kehrte 1863 mit den Benediktinern wieder mönchisches Leben in Beuron ein, das zur Wiege der Beuroner Kunstschule wurde. Ihre formstrenge Gestaltungsweise ist besonders stilrein in der **Gnadenkapelle** zu sehen. Das Hauptschiff der 1732–1738 im Vorarlberger Barockstil erbauten, später veränderten Klosterkirche zeigt schöne Fresken.

Blick auf die schöne blaue Donau

Echt gut!

Nicht zu verachten sind auch die klösterlichen Produkte: Für die Erzeugnisse der Metzgerei, die Kräuterweine und -liköre kommen Besucher von weit her (www.erzabtei-beuron.de).

Radtour am Donaudurchbruch

Die schönste Art, die grandiose Landschaft des Donaudurchbruchs im Naturpark Obere Donau zu erleben, ist eine Tour mit dem Fahrrad (Fahrradverleih an vielen Bahnhöfen). Die knapp 90 km lange Strecke zwischen Fridingen und Sigmaringen verläuft ausschließlich auf Radwegen und führt im oberen Teil in engen Schlingen durch einen besonders wilden Talabschnitt ganz ohne Autostraße. Der Höhenunterschied auf der gesamten Strecke beträgt nur 350 m, sodass auch flussaufwärts keine größeren Steigungen vorhanden sind. Bequemer geht es natürlich talabwärts. An den Wochenenden verkehrt der Naturpark-Express, bei dem Fahrradmitnahme möglich ist.

Hotels

- **Hotel-Restaurant Pelikan**

Abteistraße
88631 Beuron
Tel. 074 66/406
www.pelikan-beuron.de
Freundliches Haus der Erzabtei, ideal für Wanderungen im Donautal. ●●

- **Jugendherberge Burg Wildenstein**

88637 Leibertingen
Tel. 074 66/411
www.jugendherberge-burg-wilden stein.de
In der Jugendherberge gibt es auch herzhaftes Essen für Wanderer. ●

Freilichtmuseum Neuhausen ob Eck 20

Ein Dorf mit Kirche, Schul- und Rathaus, Schmiede, Hafnerei und typischen Wohnhäusern wurde hier aus historischen Gebäuden der Region aufgebaut. Fast täglich finden Vorführungen alter Handwerkstechniken statt. In den Ställen stehen Vertreter alter Hautierrassen. Gärten, Streuobstwiesen und Felder sind nach alter Art bepflanzt (Tel. 074 67/13 91, www.freilichtmuseum-neuhausen.de, März–Okt. Di–So 9–18 Uhr).

Die Museumsgaststätte Ochsen ist ein historisches Dorfwirtshaus mit großem Biergarten. Schwäbische Küche und hausgemachte Kuchen (Tel. 074 67/12 41). ●●

Albstadt 21

Albstadt (47 200 Einw.), entstanden aus mehreren einst selbstständigen Kleinstädten und Orten, hat sich zu einer Kulturstadt mit zahlreichen Museen und Events entwickelt. Die **Galerie** in Albstadt-Ebingen präsentiert Kunst des 20. Jhs., darunter die Sammlung Walter Grosz mit 250 Gemälden, mehreren tausend Grafiken sowie Werken von Otto Dix. Daneben sind es Blätter expressionistischer Künstler wie Kirchner, Heckel und Beckmann, die im Zentrum der Sammlung stehen (Kirchengraben 11, www.albstadt.de, Di–Fr 11–13, 14–17, Sa, So, Fei 11–17 Uhr).

Das **Museum im Kräuterkasten** in Albstadt-Ebingen dokumentiert die Vor- und Frühgeschichte der Region. Uhren, Waagen und technische Geräte zeigt das **Philipp-Matthäus-Hahn-Museum** in Albstadt-Onstmettingen (beide Mi, Sa, So, Fei 14–17 Uhr). Im **Nähmaschinenmuseum** von Albstadt-Lautlingen geht es um die die Entwicklung der Nähmaschine (Mo–Do 9–12, 13.30–16, Fr 8–12 Uhr).

Nach so viel Kultur locken in Albstadt-Ebingen das Spaßbad **»badkap«** mit Bade- und Saunalandschaft (Beibruck 1, www.badkap.de, tgl. 9–21 Uhr).

Wanderung mit Hohenzollernblick

Von Albstadt-Onstmettingen aus lohnt sich eine Fahrt auf den Raichberg (956 m) zum Nägelehaus (Albvereinsgaststätte) oder zum Zollersteighof (Gaststätte) und von dort eine Wanderung zum Zeller Horn (912 m). Von diesem Bergsporn am Steilabfall der Alb aus liegen Burg Hohenzollern, das Albvorland und der Schwarzwald am schönsten im Blick.

Karte Seite 107

Info

■ **Tourist-Information**
Marktstr. 35
72458 Albstadt-Ebingen
Tel. 074 31/160-0
www.albstadt.de

Hotel

■ **Hotel Restaurant Breite**
Flandernstr. 97
Tel. 90 07-0
www.hotel-breite.de
Kleineres Hotel, das ein günstiger Ausgangspunkt für Wanderungen ist. ●●

Restaurant

■ **Hotel Linde**
Untere Vorstadt 1
Tel. 134 14-0
www.hotel-linde-albstadt.de
Fachwerkhaus mit stilvollem Einrichtung und Terrassenbewirtung. ●●●

Balingen 22

Die malerische Visitenkarte von Balingen (35 000 Einw.) bilden das **Zollernschloss** und der erhaltene Eckturm der Stadtmauer. Hier hat das wohl einmalige **Museum für Waagen und Gewichte** sein Domizil. Die rund 400 Stücke umfassende Ausstellung veranschaulicht die Entwicklung der Wägetechnik. Zu den Exponaten gehören eine römischen Schnellwaage und die 1770 konstruierte Originalneigungswaage von Philipp Matthäus Hahn (Mo, Mi, Fr und jeden 1. Sa im Monat 14–17 Uhr).

Direkt neben dem Zollernschloss beherbergt die **Zehntscheuer** das Heimatmuseum. Das Gerberviertel am Mühlkanal unterhalb der Zehntscheuer wird liebevoll »Klein-Venedig« genannt. Besonders markant ist das Wahrzeichen der Stadt, der 61 m hohe, durchgehend achteckige Turm der spätgotischen Stadtkirche am Marktplatz. Die Sonnenuhr am Turm stammt von Philipp Matthäus Hahn. Marktplatz und Teile der Innenstadt sind als Fußgängerzone neu gestaltet: Wasserläufe mit Kunst- und Spielobjekten setzen spielerische Akzente.

Das Zollernschloss von Balingen

Info

■ **Tourist Information**
Rathaus
Färberstr. 2
72336 Balingen
Tel. 074 33/170-119
www.balingen.de

Restaurant

■ **Café Klein Venedig**
Am Mühlkanal 35
Tel. 998 59 48
Mo Ruhetag
Mittagstisch mit leichter mediterraner Küche, hausgemachte Kuchen. ●●

Haigerloch 23

Wo sich die von der Schwäbischen Alb kommende Eyach eine Schlucht in den Muschelkalk gegraben hat, liegt im Tal und auf den Höhen Haigerloch (11 000 Einw.). Steile Wege und Treppen verbinden Unter- und Oberstadt. Hoch über dem Fluss thront auf einer schmalen Bergnase das Schloss, ab 1580 im Renaissancestil an der Stelle einer mittelalterlichen Burg erbaut. Es war bis zum Aussterben dieser Linie Residenz der Grafen von Hohenzollern-Haigerloch. Um den Schlosshof gruppieren sich die Gebäude von Zehntscheuer, Hofkaplanei, Obervogtei mit Marstall und das Wohngebäude der Schlossherren, heute ein Kongresszentrum mit Hotel und Restaurant, Läden und Galerien (www.schloss-haigerloch.de).

Direkt über der Steilwand fand noch die prächtige ***Schlosskirche** mit reicher Barock- und Rokoko-Ausstattung Platz. Darunter im Fels das ***Atomkellermuseum**, das über deutsche Atomforschung im Zweiten Weltkrieg informiert (Tel. 07474/69727, Mai–Sept. tgl. 10–12, 14–17 Uhr, So durchgehend, März, April, Okt., Nov. nur Sa, So).

Info

Touristinformation
Oberstadtstr. 11
72401 Haigerloch
Tel. 074 74/697 27
www.haigerloch.de

Hotel

Gastschloss Haigerloch
Im Schloss
Tel. 074 74/69 30
www.schloss-haigerloch.de

Der Atommeiler unter der Schlosskirche

Schon vor Generationen hatten die Schwanenwirte von Haigerloch ihren Bierkeller aus dem Felsen gehauen, tief unterhalb der Schlosskirche. Dieser Keller erschien einer Forschergruppe um Werner Heisenberg wie geschaffen, um dort 1945 den Forschungsreaktor des Kaiser-Wilhelm-Instituts zu verstecken und mit Hilfe von 600 Uranwürfeln, Graphit, schwerem Wasser und einer Neutronenquelle eine kontrollierte Kettenreaktion in Gang zu setzen. Da nicht genügend Material vorhanden war, gelang dies allerdings nur unzureichend. Doch die vordringenden Amerikaner befürchteten, dass die Deutschen schon eine Atombombe hatten. Sie stießen am 22. April 1945 ins Niemandsland nach Haigerloch vor, verhafteten die Wissenschaftler und hoben das inzwischen vergrabene Uran wieder aus. Dann wollten sie den Keller samt Schlosskirche in die Luft sprengen. Um dieses Desaster zu verhindern, redete der damalige Stadtpfarrer Gulde mit Engelszungen auf den kommandierenden Oberst Pash ein und konnte ihn zu einem Besuch der Kirche überreden. Der Amerikaner war von der barocken Pracht so überwältigt, dass er lediglich den Eingang des Kellers mit einer ganz winzigen Ladung sprengte.

Karte Seite 107

Burg Hohenzollern thront eindrucksvoll über der Stadt Hechingen

Wohnen und speisen in historisch-romantischem Ambiente, erlesene Speisen stimmungsvolle Terrasse. ●●

Restaurants und Cafés

■ **Gasthaus Schwanen**
Marktplatz 5
Tel. 954 60
www.schwanen-haigerloch.de
Feine Tafelkultur in einem historischen Gebäude aus dem 17. Jh. mit Gewölberäumen und Terrasse. ●●●

■ **Schlosscafé Haigerloch**
Marktplatz 15
Tel. 95 75 84
Mo Ruhetag
www.schlosscafe-haigerloch.de
Hübsches Tagescafé mit Terrasse unterhalb des Schlosses, große Auswahl an Kaffee und Kuchen. Eis und kleine Snacks.

Hechingen 24

Schon von Weitem rückt über der Stadt Hechingen (20 500 Einw.) der Bergkegel mit der Burg Hohenzollern ins Blickfeld. In der Stadt ist die klassizistische **Stifts- und Stadtkirche St. Jakobus** beachtenswert. Sie wurde nach Plänen von Michel d'Ixnard erbaut, der auch den berühmten Kuppeldom in St. Blasien im Schwarzwald schuf und sich bewusst von der üppigen Farben- und Formenpracht des Barock absetzt.

Außerhalb der Stadt wurde 1973 beim Hechinger Ortsteil Stein eine **Villa rustica**, ein römischer Gutshof aus dem 1. bis 3. Jh. n. Ch mit Tempelbezirk entdeckt, eine der größten und besterhaltenen Anlagen in Süddeutschland.

Sie wurde teilweise rekonstruiert und vermittelt einen lebendigen Eindruck vom römischen Lebensstil (www.villa-rustica.de, Juni–Aug. tgl. 10–17, April, Mai, Sept., Okt. Di–So 10–17 Uhr).

Info

- **Bürger- und Tourismusbüro**
Kirchplatz 12
72379 Hechingen
Tel. 074 71/940-211
www.hechingen.de

10 **Burg Hohenzollern 25

Mit spitzen Türmen und Türmchen, Wehranlagen und Wohnbauten bildet Burg Hohenzollern das Musterbeispiel eines Dornröschenschlosses. Der Stammsitz der preußisch-brandenburgischen sowie der fürstlich-katholischen Linie des Hauses Hohenzollern zählt zu den meist besuchten Touristenattraktionen in Baden-Württemberg. Der Aufstieg vom Parkplatz aus dauert 15 Min. zu Fuß – oder man nimmt den Pendelbus. Spektakulär ist der Rundblick zur Schwäbischen Alb sowie über das Albvorland bis zum Schwarzwald.

Im Innern kann man in der **Schatzkammer** die Kostbarkeiten aus dem preußischen Königshaus bewundern, darunter die mit Juwelen besetzte Königskrone, den Marschallstab und wertvolles Porzellan sowie zahlreiche Erinnerungsstücke an Friedrich den Großen, Königin Luise und weitere Persönlichkeiten der Geschichte, die eng mit der des Hauses Hohenzollern verbunden ist (Tel. 074 71/92 07 87, www.preussen.de, Führungen Mitte März–Okt. tgl. 9–17.30 Uhr, Nov.–Mitte März tgl. 10–16.30 Uhr).

Die Burgschenke auf der Zollernburg bietet deftige Küche in rustikalem Ambiente (Tel. 074 71/23 45, April–Okt. tgl. 10 bis 18 Uhr, Nov., Dez und März Mo Ruhetag, Jan. Mo–Mi, Feb. Mo, Di Ruhetage ●).

Von der Ruine zum Märchenschloss

Irgendwann im 11. Jh. bauten sich die Grafen von Zollern auf dem strategisch günstig gelegenen Berg eine stattliche Burg. Doch seit dem Dreißigjährigen Krieg bröselte die Zollernburg unbeachtet vor sich hin, bis der junge preußische Kronprinz Wilhelm, der spätere deutsche Kaiser, im Jahr 1819 schließlich den Stammsitz seiner Ahnen besuchte. Er war von der Burg seiner Vorfahren so tief beeindruckt, dass er vom Wiederaufbau träumte. Nachdem er 1840 König von Preußen geworden war, setzte er seinen in einer lauen Sommernacht gefassten Beschluss in die Tat um und ließ ab 1850 die Burg neu erbauen. Sie besteht aus Festungswerken im unteren Teil, durch die sich der Weg schneckenförmig hinaufwindet, und aus dem Hochschloss, das sich an den Stil der englischen Gotik und den Loire-Schlössern anlehnte und dem Zeitgeschmack einer »Ritterburg« entsprach.

Ulm und die Ostalb

Nicht verpassen!

- In Ulm den höchsten Kirchturm der Welt besteigen und durch das romantische Fischerviertel bummeln
- Am geheimnisvollen Blautopf das Märchen von der schönen Lau lesen
- In der Klosterkirche Neresheim einem Orgelkonzert lauschen

Zur Orientierung

Während die Schwäbische Alb auf ihrer Westseite zerklüftet aus den Niederungen des Neckarlandes aufsteigt, fällt sie nach Osten zur Donau eher sanft und viel flacher ab. Durch diese weniger raue Region führen uns drei Touren.

Eine interessante städtebauliche Kombination findet man in der einstmals Freien Reichsstadt Ulm mit dem gotischen Münster und dem Neubau von Richard Meier, aber auch im Kontrast zwischen mittelalterlichen Baudenkmälern und der avantgardistischen Neuen Mitte. Westlich von Ulm entzücken Kleinode wie Blaubeuren am sagenumwobenen Blautopf oder die Klosterkirche Obermarchtal. Nördlich von Ulm erstreckt sich die Ostalb, in deren herbschöner Landschaft so manche Überraschung eingestreut ist. Höhepunkte des Barock bilden die Wallfahrtskirche Ellwangen und die Klosterkirche Neresheim. Auch die Deutschordensritter zogen sich in dieses einst abgelegene Land zurück. Und in der Vogelherdhöhle im Lonetal hat man die ersten von Menschenhand gefertigten Kunstwerke gefunden.

Touren in der Region

Ulms alte und neue Mitte

- ⑬ – Münster › Stadthaus › Neue Mitte › Rathaus › Donaufront › Fischer- und Gerberviertel › Schwörhaus › Museum der Brotkultur

Dauer: 3–4 Stunden

Praktische Hinweise: Die Ulm Card bietet freie Nutzung der Verkehrsmittel, interessante Ermäßigungen in Museen, für den Münsterturm und z.B. eine Gratis-Stadtführung sowie viele andere freie Leistungen.

Entdecken Sie die spannenden Gegensätze zwischen dem grandiosen Ulmer Münster, einem Höhepunkt gotischer Baukunst, dem Rathaus sowie weiterer mittelalterlicher Gebäude, außerdem den spannenden Schöpfungen von Stararchitekten der Gegenwart. Wo sich das Flüsschen Blau durch die Altstadt schlängelt, hat sich das alte Fischer- und Gerberviertel mit seinen verwinkelten Gassen zu einem Stadtteil mit zahllosen Kneipen entwickelt. Und tritt man durch ein kleines Tor in der Stadtmauer, steht man auch schon am Donauufer mit hübschen Spazierwegen.

*Münsterplatz

Das höchste Bauwerk Ulms und das anfangs umstrittenste stehen am Münsterplatz nebeneinander:

11 das hoch strebende gotische **Münster 1** und das strahlend weiße neue Stadthaus von Richard Meier. Experimentierfreude lag den Ulmern wohl schon immer im Blut, und ihren Hang zu Höherem demonstrierten sie eindrucksvoll mit dem Münster: Es sollte alle anderen Kirchen in den Schatten stellen. 1377 begann die Künstlerfamilie Parler mit dem Bau der größten Bürgerkirche Deutschlands, deren Dimensionen sich durchaus mit den Bischofskathedralen messen können.

Die kühne Konzeption des »Fingers Gottes« geht auf Ulrich von Ensingen zurück, der wenig später auch am Straßburger Münster arbeitete. Der mit 161 m höchste Kirchturm der Welt wurde erst 1890 vollendet. Während die Parlers noch eine Hallenkirche mit gleich hohen Schiffen geplant hatten, gelangte bis zur Mitte des 16. Jhs. eine fünfschiffige Basilika zur Ausführung. Während der Reformationszeit zerstörten Bilderstürmer die Ausstattung der Kirche, doch was blieb, ist von erlesener Qualität. Der Schmerzensmann am Chorpfeiler stammt vom Hauptportal (dort Kopie) und ist ein Werk Hans Multschers von 1429. Das figurenreiche, für eine eigentlich schlichte Pfarrkirche ungewöhnliche Chorgestühl schuf Jörg Syrlin d.Ä.

Der Ulmer Münster

Ende des 15. Jhs. Ebenfalls aus dem 15. Jh. stammen die im Chor und in der Bessererkapelle erhaltenen Glasfenster.

Das 1991–1993 erbaute **Stadthaus 2** des New Yorker Stararchitekten Richard Meier bildet mit seinen weißen Rundungen und Durchblicken einen gewaltigen Kontrapunkt zur Gotik am Münsterplatz. In dem Kultur- und Veranstaltungsgebäude hat auch Ulms Touristik GmbH ihren Sitz.

*Neue Mitte 3

Ulm hat sich zum Mekka der internationalen Architekten-Elite entwickelt. Was 1993 mit Richard Meiers »Stadthaus« begann, setzte sich 2004 mit der Glaspyramide der Bibliothek neben dem alten Rathaus fort und fand 2007 mit der »Neuen Mitte« seinen vorläufigen, von der Fachwelt hochgelobten Höhepunkt: Die Stadtautobahn, die Münster und Marktplatz trennte – ein Planungsfehler der Nachkriegszeit – wurde mit edler Architektur überbaut. Das Kaufhaus der Sinne, die private »Kunsthalle Weißhaupt« und eine Bank, entworfen von Stars ihrer Zunft wie Wolfram Wöhr oder Stephan Braunfels, locken Scharen von Architekturstudenten in die mutige kleine Großstadt.

Restaurant

■ **Café-Bar BellaVista**
Münsterplatz 35
Tel. 62 69 66
www.bellavista-ulm.de
tgl. 8.30–19 Uhr
Hippe Tagesadresse im Obergeschoss des Münstertorbaus – vis-à-vis vom Turm des Münsters. Mit einer wunderschönen Dachterrasse. Frühstück, feine Mittagssnacks sowie Kaffee und Kuchen. ●

Marktplatz

Kontraste beherrschen auch den Marktplatz: Neben dem mittelalterlichen ***Rathaus** 4 glitzert die gläserne Pyramide der Stadtbibliothek. Das Rathaus wurde ab

Karte
Seite 122

1370 erbaut und im 16. Jh. grundlegend verändert. Der Freskenzyklus an Nord- und Ostfront, der die bürgerlichen Tugenden darstellt, stammt aus dieser Zeit, die Bemalung an der Südfassade entstand dagegen erst 1907. Süd- und Ostseite zeigen heute Kopien der Fensterfiguren von 1420, darunter die Könige von Hans Multscher. Den Stand der Sterne gibt die astronomische Rathausuhr (1520) an, darüber befindet sich eine etwas jüngere Sonnenuhr. Östlich vom Rathaus befindet sich das **Ulmer Museum 5**, in dem der Schwerpunkt auf Kunst und Kunsthandwerk der Stadt und Oberschwabens seit dem Mittelalter liegt. Der 30000 Jahre alte »Löwenmensch« aus Mammut-Elfenbein ist die älteste Tiermensch-Darstellung der Welt (Marktplatz 9, Tel. 07 31/161 43 00, Di–So 11–17, Do bis 20 Uhr).

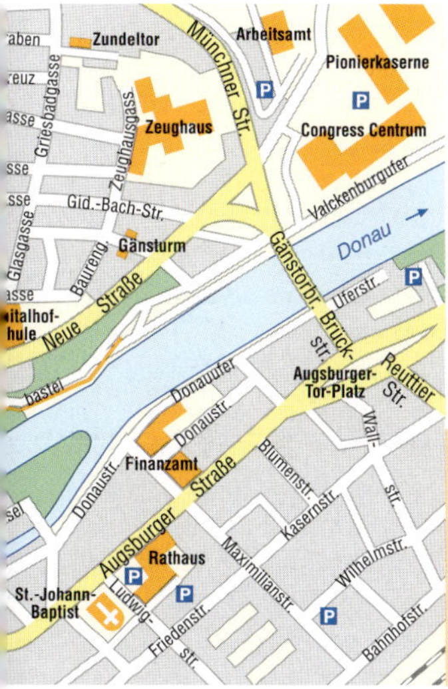

Donaufront 6

Zur Donau hin ist Ulm noch immer mit einer Stadtmauer geschützt. Beiderseits des schiefen **Metzgerturms**, eines Teils dieser trutzigen Stadtbefestigung, bauen sich verwinkelte, spitzgiebelige Häuser über der Wehrmauer auf. Ein attraktiver Spazierweg führt auf der Stadtmauer, ein zweiter unten am Fluss entlang. Dort an der Adlerbastei spielte sich die berühmte Geschichte vom Schneider von Ulm ab › S. 124.

*Fischer- und Gerberviertel 7

Während sich Ulm – abgesehen von den wiederhergestellten historischen Gebäuden – überwiegend als moderne Stadt zeigt, blieb im stimmungsvollen Fischer- und Gerberviertel noch viel von der Stadt der Handwerker und Gewerbetreibenden früherer Zeiten erhalten. **In dem Ensemble sind einzelne Gebäude besonders malerisch,** etwa das **Schiefe Haus** (1443) in der Schwörhausgasse, heute ein individuelles Hotel, ferner das **Zunfthaus** und das **Schöne Haus** in der Fischergasse. Steinerne Brücken führen über die Arme des Flüsschens Blau, das sich zwischen den Häusern durchwindet.

Echt gut!

– 13 – Ulm

1 Münster
2 Stadthaus
3 Neue Mitte
4 Rathaus
5 Ulmer Museum
6 Donaufront
7 Fischer- und Gerberviertel
8 Schwörhaus
9 Museum der Brotkultur

Karte
Seite 122

Restaurants

■ **Zur Forelle**
Fischergasse 25
Tel. 07 31/639 24
www.forelle-ulm.de
tgl. 11–15, 17–24 Uhr
Das Gasthaus verfügt über drei gemütliche Stuben und eine Terrasse an der Blau mit Blick aufs Münster. Regionale und internationale Küche, die Forellen kommen zappelfrisch aus den Fischkästen in der Blau. ●●

■ **Gaststuben im Zunfthaus der Schiffsleute**
Fischergasse 31
Tel. 07 31/644 11
www.zunfthaus-ulm.de
tgl. 11–24 Uhr
Historisches Gebäude, in dem man schön auf drei nach innen offenen Etagen sitzt. Regionale Küche, insbesondere Fischspezialitäten. ●●

Schwörhaus 8

Wo einst die Kapelle der 854 erstmals genannten Königspfalz Ulm stand, wurde im 17. Jh. das Schwörhaus erbaut. Und als sich 1397 die Zünfte in der Freien Reichsstadt politische Mitsprache erkämpften, wurde dies im Großen Schwörbrief besiegelt. Bis heute muss der Oberbürgermeister alljährlich bei der Schwörrede öffentlich den Eid auf diese Verfassung ablegen, und das geschieht am Schwörmontag vom Balkon des Schwörhauses aus. Heute haben hier Stadtarchiv und Stadtbibliothek ihr Domizil.

Nördlich des Münsters

Ein zweiter romantischer Altstadtbezirk liegt nördlich des Münsters. In verwinkelten Gassen

Warum der Schneider von Ulm in die Donau fiel

Der »Schneider von Ulm« hieß eigentlich Albrecht Ludwig Berblinger und war ein vielseitiger Erfinder und Konstrukteur. Als Waisenjunge wurde er in die Schneiderlehre geschickt, doch sein Interesse galt der Mechanik. So hat er schon 1808, in Zeiten, da Soldaten zu Tausenden zu Krüppeln geschossen wurden, eine »künstliche Fußmaschine« mit beweglichen Gelenken erfunden.

Immer aber beschäftige ihn der Traum vom Fliegen. Mit einem selbstgebastelten Flugapparat experimentierte er am Michelsberg. Als König Friedrich I. 1811 einen Besuch ansagte, wollte die Stadt mit etwas Spektakulärem aufwarten – und dem König mit dem ersten Flugversuch über die Donau imponieren. Berblinger ließ auf der Adlerbastei ein Gestell errichten, um aus knapp 20 m Höhe über den Fluss zu gleiten. Was er nicht bedachte war – im Gegensatz zum Michelsberg – die fehlende Thermik über dem kühlen Donauwasser. Den ersten Versuch vor Ihrer Majestät brach er vorzeitig ab. Am nächsten Tag, diesmal vor des Königs Bruder, sprang er und plumpste wie ein Stein ins Wasser. Die herbeirudernden Fischer konnten den unglücklichen »Luftflieger« zwar aus der Donau fischen, doch der Spott der Bürger war gnadenlos. Der gerade noch angesehene »erfinderische Kopf« erlebte samt Familie auch gesellschaftlich einen totalen Absturz.

Karte Seite 122

laden Geschäfte, Galerien und Bistros zum Schauen, Schmausen und zum Einkaufsbummel ein.

Der ehemalige Salzstadel, ein Renaissance-Gebäude von 1592, beherbergt das **Museum der Brotkultur** 9. Die Exponate zeigen die gesamte Technikgeschichte der Brotherstellung, unterschiedlichste Backwarenmodelle sowie die vielfältigen Beziehungen der Kunst zum Brot (Salzstadelgasse 10, Tel. 07 31/699 55, www.brotmuseum.de, tgl. 10–17, Mi bis 20.30 Uhr).

Außerhalb des Zentrums

*Benediktinerabtei Ulm-Wiblingen

Den letzten großen barocken Kirchen- und Klosterbau Oberschwabens bildet die ehemalige Benediktinerabtei Ulm-Wiblingen (5 km südlich vom Zentrum), die 1714 begonnen wurde.

Prunkstück der schönen Anlage ist der 1744 fertiggestellte **Bibliothekssaal mit geschwungenen Galerien**. Er gehört zu den berühmtesten Rokokobauten Süddeutschlands. Acht überlebensgroße Figuren symbolisieren klösterliche Tugenden und weltliche Wissenschaften. Die Deckengemälde, die Architektur, die Skulpturen, die reichhaltigen Stuckarbeiten und der Lichteinfall vermitteln ein Bild vollkommener Harmonie (Tel. 07 31/502-89 75, April–Okt. Di–Fr, 10–13, 14–17, Sa, So Fei 10–17, Nov.–März Sa, So, Fei 13–17 Uhr).

Prachtvoll: der Bibliothekssaal der Benediktinerabtei Ulm-Wiblingen

Info

■ **Ulm/Neu-Ulm Touristik GmbH**
Neue Str. 45 (Stadthaus)
89073 Ulm][Tel. 07 31/161-28 00
www.ulm.de

Hotels

■ **Hotel Schiefes Haus**
Schwörhausgasse 6
Tel. 96 79 30
www.hotelschiefeshausulm.de
Originelles Hotel im Fischerviertel. Das 500 Jahre alte Fachwerkhaus ist witzig und komfortabel eingerichtet. ●●●

■ **Hotel Neuthor**
Neuer Graben 17][Tel. 975 27 90
www.comfor.de
Modernes, kleines Hotel in ruhiger, zentraler Lage. ●●

■ **Hotel und Weinstube Bäumle**
Kohlgasse 6][Tel. 622 87
www.hotel-baeumle.de
Alt-Ulmer Fachwerkhaus mit 15 komfortablen Zimmern. Die holzgetäfelte Weinstube besitzt seit 500 Jahren Schanklizenz. ●●

Gotik- und Barocktour

(14) Ulm › Blaubeuren › Ehingen › Klosterkirche Obermarchtal › Schloss Mochental › Ulm

Dauer: 2–3 Tage (95 km)
Praktische Hinweise: Bei der Rückfahrt sollte man nicht die Bundesstraße, sondern die Nebensträßchen entlang der Donau wählen. Auf ihnen erhält man besonders schöne landschaftliche Eindrücke am längsten Strom Europas.

Bei dieser Tour erleben Sie den schönsten Quelltopf der Schwäbischen Alb, den Blautopf in Blaubeuren, und gleich daneben das seit dem 15. Jh. kaum veränderte ehemalige Benediktinerkloster, ein Kleinod aus gotischer Zeit. Barock wird es dann beim Schloss Mochental, der Klosterkirche Obermarchtal und der Benediktinerabtei Ulm-Wiblingen › S. 125.

(14) Gotik- und Barocktour
Blaubeuren › Ehingen › Klosterkirche Obermarchtal › Schloss Mochental

(15) Höhlen, Krater und Römerschätze
Eselsburger Tal › Heidenheim › Steinheim › Königsbronn › Aalen › Ellwangen › Kapfenburg › Schloss Baldern › Bopfingen › Kloster Neresheim › Burg Katzenstein › Giengen › Sontheim › Charlottenhöhe

*Blaubeuren 10

Als **eine der schönsten Karstquellen in Deutschland** gilt der **Blautopf** in Blaubeuren, ein tiefblauer Quelltrichter mit 35 m Durchmesser und 22 m Tiefe. Taucher haben unter dem Blautopf ein kilometerlanges Höhlen-

system erforscht, dessen Ende noch immer nicht gefunden wurde. Gespeist wird die Quelle vom Oberflächenwasser auf der Albhochfläche, je nach Niederschlag beträgt die Schüttung 310 bis 32 000 l Wasser pro Sekunde. Wegen der Trichterform der Quelle wird das Tageslicht so gebrochen, dass alle Farben außer Blau ausgefiltert werden. Der Blautopf beflügelte schon immer die Fantasie der Menschen. So siedelte der Schriftsteller Eduard Mörike hier das reizende Märchen von der »Schönen Lau« (1855) an.

Jurafelsen: die »Steinernen Jungfrauen« im Eselsburger Tal

Buch-Tipp Eduard Mörike, Das Stuttgarter Hutzelmännlein (mit der Historie von der schönen Lau), Verlag Reclam Ditzingen, 2006.

Das **Blautopfhaus** vor der Quelle zeigt Filme mit Blautopf-Tauchgängen. Das Wasser trieb im 19. Jh. eine **Hammerschmiede** an, die noch zu sehen ist.

Schon im Jahr 1085 siedelten sich an diesem einst abgelegenen, Flecken Mönche an. Das seit dem 15. Jh. kaum veränderte ehemalige **Benediktinerkloster** prunkt mit einem spätgotischen Chor der Ulmer Schule. Zu den Kostbarkeiten der Kirche zählt u. a. der spätgotische Hochaltar (Hochaltar im Kloster: Palmsonntag bis Okt. tgl. 9–18 Uhr, sonst Mo–Fr 14–16, Sa, So auch 11–16 Uhr).

Das **Urgeschichtliche Museum** zeigt mit Hilfe eindrucksvoller Dioramen alt- und mittelsteinzeitliche Funde, hauptsächlich aus den Höhlen der Schwäbischen Alb (Karlstr. 21, Tel. 073 44/ 92 86-0, 15. März–Okt, Di–So 11–17 Uhr, Nov.–14. März Di, Sa 14-17, So 11-17 Uhr).

Info

Stadtverwaltung
Karlstr. 2][89143 Blaubeuren
Tel. 073 44/96 69-0
www.blaubeuren.de

Restaurant

Forellenfischer
Aachtalstr. 8][Tel. 073 44/65 45
www.forellenfischer.de
So abends und Mo Ruhetag
Behagliches Restaurant in einem Fachwerkhaus, schwäbische Küche, natürlich Forellengerichte aller Art. ●●

Ehingen (Donau) 11

Ehingen (25 000 Einw.) macht der Barockstraße alle Ehre. Gleich drei Kirchen wurden im 18. Jh. in diesem Baustil umgestaltet, die schönste davon ist die ehemals gotische Kirche **St. Blasius**. Den Marktplatz dominieren das Rathaus, ein Schlösschen der Adelsfamilie von Ellerbach sowie das Amtsgericht und weitere Barockgebäude. Das **Heilig-Geist-Spital** in der Unterstadt von 1340 dient als Städtisches Museum, das mit seinen Sammlungen zu Geschichte, Volkskunst und Kultur unbedingt sehenswert ist (Am Viehmarkt, Tel. 073 91/50 35 31, Mi 10–12, 14–18, So 10–17 Uhr).

Info

Tourist-Info
Marktplatz 1][89584 Ehingen
Tel. 073 91/50 32 16
www.ehingen.de

*Klosterkirche Obermarchtal 12

Aus allen Richtungen unübersehbar sind die beiden prachtvollen Türme der Klosterkirche Obermarchtal. Sie wurde 1686 bis 1756 von Michael Thumb und Franz Beer im Stil der Vorarlberger Schule in den relativ strengen Formen des Frübarock erbaut. Das ehemalige Kloster, die einzige architektonisch in sich geschlossene und komplett erhaltene barocke Klosteranlage der Region, wird als Tagungshaus der Diözese Rottenburg-Stuttgart genutzt; die Kirche ist tagsüber frei zugänglich.

Schloss Mochental 13

Nahe bei Obermarchtal liegt Schloss Mochental, ein weiteres imposantes Barockbauwerk. 1734 wurde es als Ruhesitz der Äbte von Zwiefalten fertiggestellt und bietet den bezaubernden Rahmen für eine bemerkenswerte **Kunstgalerie** mit Ausstellungen bekannter Künstler, ergänzt durch Konzerte und Lesungen in der Nikolauskapelle und im festlichen Hubertussaal. Das originelle **Besenmuseum** zeigt neben kuriosen Raritäten auch die ganz gewöhnlichen Feger aus aller Welt und informiert, wie verschieden in der Welt zusammengekehrt wird (89584 Ehingen, Tel. 073 75/418, Di–Sa 13–17, So, Fei 11–17 Uhr).

Höhlen, Krater und Römerschätze

15 Eselsburger Tal › Heidenheim an der Brenz › Steinheim am Albuch › Königsbronn › Aalen › Ellwangen › Kapfenburg › Schloss Baldern › Bopfingen › Neresheim › Burg Katzenstein › Giengen an der Brenz › Sontheim › Charlottenhöhle

Länge: 200 km, 3 Tage
Praktische Hinweise: Das kostenlose Heft »Familienspaß in der Region Ulm« informiert über mehr als 100 aktuelle Angebote wie Archäologietouren, Kletterparks, Erlebnisbäder, Burgen, Schlösser und Ruinen (Tel. 07 31/185 14 51, www.tourismus.alb-donau-kreis.de).

Zwischen den anmutigen Talauen und herbschönen Hochflächen der Ostalb trifft man auf beeindruckende Zeugnisse der Erdgeschichte wie die Jurafelsen im Eselsburger Tal und die Meteoritenkrater von Steinheim und Nördlingen. Dem römischen Grenzwall gegen die Germanen, der sich durch den gesamten Landstrich zieht, widmet sich das großartige Limesmuseum bei Aalen, in dem es auch einen Schatz zu sehen gibt. Lohnenswert ist hier ferner ein Besuch des Erzbergwerks Tiefer Stollen, in das man mit einem Bähnchen einfährt. Den Abschluss bildet die Charlottenhöhle mit einer interaktiven Ausstellung zum Leben vor 35 000 Jahren.

*Eselsburger Tal 14

Im Eselsburger Tal bei Herbrechtingen zieht die Brenz eine Schleife um den Berg Buigen. Wegen der vielfältigen Lebensräume für seltene Tier- und Pflanzenarten steht das Gebiet unter Naturschutz. Auf halbem Weg liegt der Weiler Eselsburg, dem das Tal seinen Namen verdankt. 13 Kulturdenkmäler bergen Zeugnisse aus der Vor- und Frühgeschichte, darunter die Eselsburg, Burg Falkenstein sowie Felsen und Höhlen. Zwischen Wiesen und Wacholderheiden ragen fantastisch geformte Jurafelsen auf; am berühmtesten sind die spitzen Nadeln der sogenannten **Steinernen Jungfrauen**.

Spaziergang durchs Eselsburger Tal

Um die Schönheiten des Eselsburger Tals zu erleben und vielleicht einige der mehr als 80 hier brütenden Vogelarten oder der über 640 Blütenpflanzen- und Farnarten zu sehen, sollten Sie den 5 km langen Weg durch das Tal entlang der Brenzschleife zu Fuß gehen. Die Strecke ist für Autos gesperrt, nur Fußgänger und Radler dürfen die Schönheiten des Tals genießen.

*Heidenheim an der Brenz 15

Der 70 m steil aufragende Weißjura-Felsen mitten in Heidenheim (49 300 Einw.) bot sich als Bauplatz für eine wehrhafte Burg geradezu an. Neben dieser Ruine einer einstigen staufischen Ritterburg entstand im 16. Jh. **Schloss Hellenstein**, ein langgestreckter Renaissancebau. Er beherbergt heute Museen u.a. mit bedeutenden vor- und frühgeschichtlichen Funden. Besonders populär ist das Museum für Kutschen, Chaisen und Karren im Fruchtkasten des Schlosses (Tel. 073 21/433 81, www.heidenheim.de, Mitte März–Mitte Nov. Di–Sa 10–12, 14–17, So, Fei 10–17 Uhr).

Wie schutzsuchend duckt sich die Altstadt von Heidenheim an den Fuß des Schlossfelsens. Typisch für die staufische Gründung ist der langgezogene, sich zur Mitte hin verbreiternde Straßenmarkt. 1984 wurden eine römische Badeanlage sowie weitere Gebäude freigelegt; dort gibt das **Museum im Römerbad** Aufschluss über das römische Heidenheim zwischen 100 und 275 n. Chr. (Theodor-Heuss-Str. 3, Tel. 073 21/327 47 22, www.museum-im-roemerbad.de, Mitte März bis Mitte Nov. Do 10–12, 14–17, So, Fei 10–17 Uhr, Eintritt frei).

Info

■ **Tourist-Information**

Hauptstr. 34
89522 Heidenheim
Tel. 073 21/327 49 10
www.heidenheim.de

Hotels

NH-Hotel Aquarena
Friedrich-Pfennig-Str. 30
Tel. 98 00
www.nh-hotels.com.
Vier-Sterne-Haus neben dem Freizeitbad Aquarena; komfortable Zimmer, schöner Blick auf das Schloss. ●●

Hotel garni Alt Heidenheim
Im Flügel 21
Tel. 75 46 89
Ruhig unterhalb des Schlosses gelegenes Haus in Zentrumsnähe. ●

Restaurant

Gasthof Lamm
Hintere Gasse 56
Tel. 210 50
Di–Sa 10–19 Uhr warme Küche
Heidenheims ältester Gasthof besitzt eine eigene Metzgerei. Schwäbische Küche sowie Vesperkarte. ●

Steinheim am Albuch 16

Ein Meteoriteneinschlag schuf vor 15 Mio. Jahren das nach Steinheim am Albuch (8900 Einw.) benannte Becken. Mehrere 100 000 Jahre füllte ein See den Krater. Das **Meteorkrater-Museum** zeigt, wie der Steinheimer Krater entstanden ist, stellt typische Gesteine und die exotische Organismenvielfalt aus der sich anschließenden Zeit des Kratersees vor, darunter Schneckengehäuse, Skelette von Fischen, Vögeln und Säugetieren, u. a. das des Steinheimer Gabelhirsches. Vom Museum führt ein **geologischer Lehrpfad** zu den sehenswerten Punkten des Kraters (Mo 8–12, 13–17 Uhr, Fr 8–13, Sa, So 9–12, 14–17 Uhr).

Blick vom Schloss Hellenstein auf Heidenheim an der Brenz

Info

Touristikbüro im Rathaus
Hauptstr. 24][32839 Steinheim
Tel. 073 29/96 06-58
www.steinheim.de

Königsbronn 17

In Königsbronn (7900 Einw.) entspringt das Flüsschen Brenz im Brenztopf, einer tiefblauen Karstquelle, die schon im 14. Jh. ein Hammerwerk antrieb. Ein Pächter des Hüttenwerks baute 1775 direkt daneben ein Rokoko-Schloss, heute Bürgermeisteramt.

Das **Torbogenmuseum** im Torhaus des ehemaligen Zisterzienserklosters dokumentiert die über 600-jährige Hüttenwerkstradition (April–Okt. So, Fei 11–17 Uhr). Neben dem Rathaus informiert die **Georg-Elser-Gedenkstätte** über den Königsbronner Widerstandskämpfer, der mit seinem Attentat auf Hitler 1939 den Krieg verhindern wollte.

UNESCO-Weltkulturerbe ***Limes

Mit rund 550 km Länge gilt der Limes, der 160 bis 165 n. Chr. erbaute römische Grenzwall zwischen Rhein und Donau, als Europas größtes archäologisches Denkmal. Er gibt ein unübersehbares Zeugnis der frühen Geschichte Mitteleuropas ab. Aus diesem Grund wurde er in die UNESCO-Liste des Weltkulturerbes aufgenommen. Im Bereich der Schwäbischen Alb verläuft der Limes von Lorch über Schwäbisch Gmünd und Aalen und dann weiter in östlicher Richtung. Unmittelbar am Limes, aber auch im »römischen Hinterland«, zeugen zahlreiche Funde von der Jahrhunderte langen römischen Besatzung. Besonders imposant das größte römische Kastell am rätischen Limes in Aalen auf der Schwäbischen Alb. Dort war einst eine Garnison mit rund tausend Reitern stationiert. In Rainau-Buch unmittelbar an einem aufgestauten Badesee sind in einem frei zugänglichen Limes-Freilichtmuseum rekonstruierte Wälle, Tore sowie ein Kastellbad zu sehen, dessen ausgeklügeltes Heizungssystem Badekomfort auf Römerart vorführt. Und in Heidenheim zeigt das Museum im Römerbad ebenfalls eine römische Badeanlage sowie weitere Funde aus der Römerzeit im 2. und 3. Jh. n. Chr.

Das Landesvermessungsamt Baden-Württemberg hat zusammen mit dem Verein Deutsche Limes-Straße eine Karte entwickelt, die im Maßstab 1:50 000 nicht nur den lückenlosen Verlauf der Grenze sowie den Limes-Wanderweg, den Limes-Radweg und die Deutsche Limes-Straße zeigt, sondern auch alle erhaltenen und nicht mehr sichtbaren Kastelle und Wachttürme, gut erkennbare Teilstrecken des Limes und zahlreiche weitere Details enthält. Einige Orte am Limes veranstalten Römerfeste und organisieren geführte Wanderungen und viele andere Aktivitäten (Tel. 073 61/52-23 58 www.limesstrasse.de).

Karte Seite 126

Aalen 18

Wie in Heidenheim hatten sich auch in Aalen (66 200 Einw.) die Römer um 150 n. Chr. niedergelassen und eine Reiterarmee stationiert. Auf dem Gelände des Reiterkastells befindet sich das ***Limesmuseum,** das größte Römermuseum Süddeutschlands. Es zeigt die römischen Ausgrabungen, darunter Waffen und einen wertvollen Schatz von Gebrauchs- und Kulturgegenständen aus dem Kastelldorf Buch. Außerdem informiert es anhand von Originalfunden und Kopien über das römische Militär- und Zivilwesen (St. Johann-Str. 5, www.museen-aalen.de, Di–So 10–17 Uhr).

Handlich klein ist das historische Zentrum von Aalen, überwiegend als Fußgängerzone gestaltet, mit Fachwerkhäusern (17. Jh.), der spätbarocken Stadtkirche und dem Historischen Rathaus. Dort prangt am Rathausturm das Wahrzeichen der Stadt, der »Spion von Aalen«. Im Inneren des Rathauses entführt das **Urweltmuseum** in die Vorzeit der Alb (Di–So 10–12, 14–17 Uhr).

Die **Limes-Thermen,** etwas außerhalb der Stadt, bieten Entspannung in antikem Ambiente (www.limes-thermen.de, tgl. 9–21 Uhr). Einen Besuch lohnt auch Schloss Fachsenfeld im gleichnamigen Ortsteil u.a. wegen des bezaubernden Parks (März–Nov. Sa, So, Fei 10–12, 14–17 Uhr).

Ein besonderes Erlebnis ist eine Einfahrt mit der Grubenbahn in das ***Besucherbergwerk Tiefer Stollen** oberhalb des Stadtteils Aalen-Wasseralfingen, wo bis ins 20. Jh. hinein Eisenerz abgebaut wurde. Bei einem Rundgang wird der Bergbau auf der Ostalb erläutert, der eine der Grundlagen ihrer Industrialisierung bildete. Am Bergwerk beginnt auch ein geologischer Lehrpfad. (Erzhäusle 1, www.bergwerk-aalen.de, Mitte März–Anfang Nov. Di–So 9–12, 13–16 Uhr).

Wie der Spion von Aalen die Stadt rettete

Einst war der Kaiser über die Eigenmächtigkeit der Freien Reichsstadt Aalen sehr erzürnt und rückte mit seinem Heer an, um die Bürger zur Räson zu bringen. Diese fürchteten, der desolate Zustand ihrer Stadtmauer könnte einem Sturm nicht standhalten, und schickten den Schlauesten von ihnen zum Auskundschaften des Feindes los. Der wackere Mann begab sich schnurstracks ins gegnerische Lager, schlich sich an den Kaiser heran und brachte sein Anliegen vor: »Grüß Gott, Herr Kaiser, ich bin der Spion von Aalen.« Darauf brach ein ungeheures Gelächter los. Ob so viel Ehrlichkeit wurde der Gesandte reich bewirtet und mit Geschenken beladen nach Hause geschickt. Zur Fehde verspürten dann sowohl der Kaiser als auch die Aalener keine Lust mehr. Seit 1634 wacht der Pfeife rauchende Spion von Aalen nun am Rathausturm über die Geschicke der Stadt.

Karte Seite 126

Info

■ **Tourist-Information**
Marktplatz 2
73430 Aalen
Tel. 073 61/52 23 57
www.aalen.de

Restaurant

■ **Gasthof Roter Ochsen**
Radgasse 9
Tel. 07 36/625 17
Mo–Sa 11–14, 17.30–24 Uhr
Gehobene schwäbische Küche und wechselnde Fischspezialitäten. ●●

Ellwangen 19

Wo die Schwäbische Alb in den Ellwanger Bergen ausschwingt, liegt Ellwangen (25 000 Einw.), das sich gern als »Kunstwerk in heiler Landschaft« bezeichnet. Rund um ein Benediktinerkloster entstanden, zeigt Ellwangen auch heute noch viele Spuren seiner Vergangenheit. Über der Stadt dominiert das barock ausgestattete **Schloss ob Ellwangen**, einst Sitz der Fürstpröpste, eine vierflügelige Renaissance-Anlage mit schönem Arkaden-Innenhof. Zu den Schätzen des Schlossmuseums zählen die Sammlung der Barockzeichnungen, Puppenstuben des 19. Jhs. sowie Fayencen (Tel. 079 61/5 43 80, www.schlossmuseum-ellwangen.de, Di–Sa 14–17, Sa auch 10–12 So, Fei 10.30–16.30 Uhr).

Am Marktplatz bilden die Basilika **St. Veit** und die einstige **Jesuitenkirche** ein ungewöhnliches Ensemble, sind sie doch wie siamesische Zwillinge zusammengewachsen: St. Veit mit strenger romanischer Fassade, in reinstem Barock die Jesuitenkirche. Innen zeigen beide überschwänglichen barocken Formenreichtum.

Außerhalb von Ellwangen erhebt sich weithin sichtbar die zweitürmige ***Wallfahrtskirche Schönenberg**. Mit ihrer lichten Westfassade verleiht sie der Stadt einen heiteren Akzent. Die langgestreckte Kirche von Michael und Christian Thumb, 1682–1695 erbaut, wurde vorbildlich für den Barockstil in Oberschwaben.

Info

■ **Tourist Information Ellwangen**
Spitalstr. 4
73479 Ellwangen
Tel. 0 79 61/84-3 03

Restaurants

■ **Braugasthof Roter Ochsen**
Schmiedstr. 16
Tel. 40 71
www.roter-ochsen-ellwangen.de
Di–Sa 7–24, So erst ab 15 Uhr
Urige Gasträume mit »Roten« und »Grünen Stuben«, wo die Stadtgeschichte auf Fassböden dargestellt ist. ●●

■ **Rosengarten**
Bergstr. 18
Tel. 71 23
Einheimische und italienische Spezialitäten Nudelgerichte, Pizzen, großer Biergarten. ●

Kapfenburg 20

Auf einem »Kapf« bei Lauchheim, einem Bergrücken über dem Tal der jungen Jagst, thront die weithin sichtbare Kapfenburg. Sie war von 1364 bis zur Aufhebung des

Karte Seite 126

Ordens 1805 im Besitz der Deutschritter, die die Burg zum Verwaltungssitz und zur Repräsentationsanlage ausbauten. Das Hochschloss mit Prunkräumen der Renaissance- und Barockzeit umfasst Baustile der Gotik bis zur Renaissance. Die Innenhöfe sind frei zugänglich, bei Führungen werden u.a. der Rittersaal und die Schlosskapelle mit Sterngewölbe gezeigt (Tel. 073 63/96 18-0, www.schloss-kapfenburg.de, Führungen nach Vereinbarung).

*Schloss Baldern 21

Auf dem Rand des durch einen Meteoriteneinschlag vor 15 Mio. Jahren entstandenen Nördlinger Rieses erhebt sich Schloss Baldern. Fast intim wirken die edel möblierten herrschaftlichen Wohnräume und Salons. Schon der lichte Festsaal mit einer fein modellierten Stuckdecke lohnt den Besuch. Die äußerst prachtvollen Salons und Gemächer zeigen das barocke Originalinventar (73441 Bopfingen-Baldern, Tel. 073 62/968 80, www.fuerst-wallerstein.de, Mitte März–Ende Okt. Di–So 10–17 Uhr).

Einst standen in der jetzigen **Schlossschänke »Zum Marstall«** die herrschaftlichen Pferde in den Boxen. Heute lädt ein uriges Café-Restaurant zur Einkehr. ●●

Bopfingen 22

Schon von Weitem ist über Bopfingen (12 500 Einw.) der 668 m hohe **Ipf** zu erkennen, ein von Wacholderheiden bestandener, ansonsten jedoch kahler Zeugen-

Kultur in Natur: Blick auf die Wallfahrtskirche Schönenberg

berg, auf dessen Gipfelplateau sich einst ein keltischer Fürstensitz befand (Info-Pavillon beim Parkplatz, Fußweg zum Gipfel).

Ein besonderer Blickfang ist das **Rathaus** in der Ortsmitte, an dessen Vorderfront über der Straße ein Pranger angebracht ist. Hier konnten die armen Sünder zwar verhöhnt, aber wenigstens nicht angespuckt werden. Ein historischer Stadtrundgang führt zu 20 wichtigen Gebäuden (Faltblatt bei der Tourismus-Info).

Info

- **Tourismus-Info**
Marktplatz 1
73438 Bopfingen
Tel. 073 62/801 22
www.bopfingen.de

12 **Kloster Neresheim 23

Als Paukenschlag im Mittelpunkt des eigenwilligen Härtsfelds erhebt sich Kloster Neresheim, Balthasar Neumanns geniales Spätwerk. Die Abteikirche bezieht ihre Wirkung besonders von der Architektur der fünf Kuppeln im Lang- und zweier weiterer im Querhaus. Martin Knoller schuf die Deckenfresken (Führungen Mo–Sa 11, 15 Uhr, So 11.15, 15.15 Uhr). Am eindrucksvollsten wirkt die **Abteikirche** Neresheim bei den mehrmals jährlich stattfindenden Konzerten, **wenn Musik und Raumoptik zu einem Gesamtkunstwerk verschmelzen.**

Echt g

Die Klostergaststätte bietet gute Erzeugnisse aus der klostereige-

Die Kuppelfresken im Kloster Neresheim zählen zu den Höhepunkten der Barockmalerei und überraschen durch ihre Scheinarchitektur

Karte Seite 126

nen Landwirtschaft (Tel. 073 26/85-201, www.klosterhospiz-neresheim.de ●●).

Info

■ **Tourist-Information**
Hauptstr. 21
73450 Neresheim
Tel. 073 26/81 49
www.neresheim.de

Hotel

■ **Landhotel zur Kanne**
Brühlstr. 2
Tel. 073 26/80 80
www.zurkanne-neresheim.de
Beliebtes Landhotel mit komfortablen Zimmern, Sauna, Sonnenterrasse. Rustikales Restaurant. ●●

*Burg Katzenstein 24

Mächtig erheben sich über dem als Badegewässer aufgestauten Härtsfeldsee Mauern und Bergfried von Burg Katzenstein, eine ungewöhnlich gut erhaltene romanische Ritterburg aus dem 12. Jh. Die Burgkapelle stammt aus dem 14. Jh. Das unterste Geschoss des Palas wird von zwei mächtigen Tonnengewölben überspannt und enthält den 23 m tief in den Fels gehauenen Burgbrunnen (89561 Dischingen-Katzenstein, Tel. 073 26/91 96 56, www.burgkatzenstein.de, Di–So 10–18 Uhr, Führungen: 11, 14, 15 und 16 Uhr).

Die urige Burggastronomie ist stilecht im Felsenkeller, Stauferaal und der Burgschänke untergebracht (Mo Ruhetag, Dez.–Jan. auch So ●●).

Giengen an der Brenz 25

Giengen an der Brenz (19 500 Einw.), von den Staufern im 12. Jh. zur Stadt erhoben und später Freie Reichsstadt, wurde im Dreißigjährigen Krieg völlig niedergebrannt. Daran erinnert das »Große Brandbild« von 1663 in der imposanten **Stadtkirche** mit ihren beiden ungleichen Türmen. Die eigentliche Attraktion von Giengen lässt vor allem Kinderherzen höher schlagen: Im ***Steiff Erlebnismuseum** mit den berühmten Kuscheltieren mit Knopf im Ohr werden Teddybär & Co. in Szene gesetzt. Die Schaufertigung gibt Einblicke in die traditionelle Herstellung › S. 19.

Echt gut!

Kirchenkunst in höchster Blüte

■ Weltbekannt ist das **Ulmer Münster** wegen seinem höchsten Turm der Christenheit › S. 121.

■ Esslingens Stadtkirche **St. Dionys** ist ein spätromanischer doppeltürmiger Bau mit Glasfenstern im Chor aus dem 13. Jh. › S. 82.

■ Die romanische **Johanneskirche** in Schwäbisch Gmünd schmücken steinerne Fabelwesen › S. 87.

■ Die **Klosterkirche Neresheim** zeigt heiter-leichten Barock mit reizenden Stuckarbeiten wie Vögeln, Schmetterlingen und kleinen Waldtieren an den Fenstern › S. 136.

■ In der spätbarocken **Klosteranlage von Zwiefalten** finden sich wunderschöne Fresken vom Meister F. J. Spiegler › S. 110.

Infos

■ **i-Punkt**
Marktstr. 9
89537 Giengen an der Brenz
Tel. 073 22/952 29 20
www.giengen.de

Hotel und Restaurant

■ **Brauereigasthof Schlüssel**
Marktstr. 68
Tel. 073 22/53 34
www.schluesselbraeu.de
Zentral gelegener Brauereigasthof mit urigen Gasträumen und Biergarten unter alten Bäumen. Auch Hotel. ●●

Sontheim an der Brenz 26

In Sontheim (5600 Einw.) findet sich wieder ein Bau aus der Stauferzeit: die **Galluskirche** im Ortsteil Brenz. Die Rundbogenfriese und Kapitelle der romanischen Basilika schmückt eine geradezu unerschöpfliche Fülle an naiv-rustikal gestalteten Skulpturen. Das spätromanische Bauwerk gehört zu den schwäbischen Schmuckkirchen des Landes.

Info

■ **Gemeinde Sontheim an der Brenz**
Brenzer Str. 25
89567 Sontheim
Te. 073 25/170
www.sontheim-brenz.de

Charlottenhöhle 27

Am Ende des Lonetals lockt bei Giengen-Hürben die Charlottenhöhle in die Unterwelt. In der längsten Schauhöhle der Alb gelangen die Besucher durch schmale Gänge 587 m tief in den Berg und durchschreiten dabei Hallen und Grotten (Tel. 073 24/ 72 96, Anfang April–Ende Okt. Mo–Sa 9–11.30 und 13.30–16.30, So 9–16.30 Uhr).

Am Fuß der Charlottenhöhle informiert im Höhlenhaus die ***Höhlenerlebniswelt** über die Entstehung der Landschaft, die Entdeckung der Höhle und das Leben der Menschen vor 35 000 Jahren. Dazu gehört das Höhlenschauland, in dem eine **interaktive Erlebnisausstellung** auf spielerische Weise diese Themenpalette Höhle, Mensch, Natur aufgreift. An insgesamt 13 Stationen kann man auf Zeitreise gehen. Kleine Besucher haben Spaß daran, sich zwischen Fledermäuse zu begeben, am Mammut-Elfenbein zu »schnitzen« oder in eine kuschelige Bärenhöhle zu schlüpfen. Die Erlebniswelt schließt außerdem die Charlottenhöhle sowie ein Höhlenhaus im keltischen Langhausstil als Portal des GeoParks »Schwäbische Alb« sowie einen Steinzeit- und Wasserspielplatz direkt am Ufer des Flüsschens Hürbe ein (Tel. 073 24/ 98 71 46, April–Okt. tgl. 9–18, Nov.–März Mo–Sa 14–18, So 11–18 Uhr, Eintritt frei).

Ebenfalls im Lonetal liegt die **Vogelherdhöhle**, die durch die Funde von geschnitzten Tierfiguren aus Mammutelfenbein weltweit bekannt wurde. Die kleinen Figuren gelten als die ältesten künstlerisch gestalteten Werke der Menschheit (April–Okt. tgl. 9–11.30 und 13.30–16.30 Uhr, So 9–16.30 Uhr).

Infos von A–Z

Information

Außer bei den örtlichen Verkehrsämtern sind Broschüren zu touristischen Regionen und Themenbereichen sowie Unterkunftsverzeichnisse erhältlich bei:

- **Tourismus-Marketing GmbH Baden-Württemberg (TMBW)**
Esslinger Str. 8
70182 Stuttgart
Tel. 07 11/23 85 80
www.tourismus-bw.de
- **Tourismusverband Schwäbische Alb**
Marktplatz 1, 72574 Bad Urach
Tel. 071 25/94 81-06
www.schwaebischealb.de
- **GeoPark Schwäbische Alb**
Altes Lager R 13
72525 Münsingen – Auingen
Tel. 073 81/50 15 75
www.geopark-alb.de
- **i-Punkt Stuttgart**
Königstr. 1 A
70173 Stuttgart
Tel. 07 11/22 28-0
www.stuttgart-tourist.de
Die Touristeninformation verleiht GPS-Systeme (Stuttgart2Go), mit denen man auf einen individuellen Stadtspaziergang gehen kann.
Hier erhalten Sie auch Informationen zur Region Stuttgart.

Karten

Das Landesvermessungsamt Baden-Württemberg gibt Freizeitkarten im Maßstab 1:50 000 mit den Wanderwegenetzen der Wandervereine sowie dem Rad(wander)wegenetz heraus.

- **Landesvermessungsamt Baden-Württemberg**
Büchsenstr. 54, 70174 Stuttgart
Tel. 07 11/123-28 31
www.lv-bw.de.

Stadtmagazine

Über aktuelle Events und Trends in Stuttgart informieren die Stadtmagazine Lift (www.lift-online.de) und Prinz (www.stuttgart.prinz.de).

Baden-Württemberg-Ticket

Dieses Ticket gilt für bis zu fünf Personen für beliebig viele Fahrten an einem Tag ohne Kilometerbegrenzung. Es können alle Nahverkehrszüge und angeschlossenen Verkehrsverbünde in Baden-Württemberg genutzt werden – sogar bis nach Basel. Die Tickets gibt es für 27 € bzw. das Single-Ticket für 18 € an den Automaten, für 2 € mehr auch in den DB Reisezentren.

Für Behinderte

Reiseangebote für mobilitätseingeschränkte Menschen sind in der Broschüre **Baden-Württemberg barrierefrei erleben** zusammengestellt. Sie enthält Unterkünfte, Sehenswürdigkeiten und Ausflugsziele, die weitgehend stufenlos zugänglich sind (erhältlich bei der Tourismus-Marketing GmbH, s. o.). Zusätzlich gibt es für einige Städte wie Stuttgart, Tübingen, Esslingen und Ulm Informationsbroschüren über behindertengerechte Einrichtungen und Stadtrundgänge.

Urlaubskasse	
Tasse Kaffee	2–2,50 €
Softdrink (Cola, Saft, Mineralwasser)	1,50–2,30 €
0,25 l Wein	3,50–6 €
Maultaschen	8,50–12 €
Kugel Eis	0,80–1 €
Taxifahrt (bis 10 km)	ca. 20 €
Mietwagen/Tag	ab 27 €

Freizeittickets

Für die Stadt Stuttgart und die Region sowie die Schwäbische Alb gibt es diverse Sparcards, die Ermäßigungen bei Eintritten, öffentlichen Verkehrsmitteln etc. bieten, wie die SuttgartCard/RegioCard, die UlmCard, der Freizeitpass Schwäbische Alb oder die OstalbCard (erhältlich bei den örtlichen Tourismusverbänden und -büros). Mit der Stuttgart Card erhält man z. B. Ermäßigung für den Besuch der Wilhelma. Sie ist Europas größter zoologisch-botanischer Garten.

Öffnungszeiten

Die Geschäfte in den Stadtzentren öffnen Mo–Fr zwischen 8 und 10 Uhr und schließen oft erst um 20 Uhr, vereinzelt auch später, Sa meist um 18 Uhr. Außerhalb der Zentren und in kleineren Städten ist meist 18.30 Uhr Feierabend.

Gaststätten müssen um 3 Uhr schließen, in Kur- und Erholungsorten um 2 Uhr und in der Nacht von Sa auf So für eine so genannte »Putzstunde« von 5 bis 6 Uhr. Bei Biergärten und Straßenwirtschaften ist Zapfenstreich zwischen 22 und 24 Uhr je nach Lage.

Seerosenteich in der Stuttgarter Wilhelma

Register

Aalen 133
- Besucherbergwerk Tiefer Stollen 133
- Limesmuseum 133

Albstadt 114
Anreise 16
Aussichtspunkte 43

Bad Ditzenbach 92
Bad Überkingen 92
Bad Urach 96
Balingen 115
Bärenhöhle 109
Baumeister, Willi 37
Behinderung 139
Beutenlay Naturreservat 98
Bike-Crossing-Trail 22
Blaubeuren 126
Blautopf 126
Bonatz, Paul 35, 54
Burg Hohenrechberg 89
Burg Hohenzollern 118
Burg Katzenstein 137

Campingplätze 25
Cannstatter Wasen 39
Carl Eugen 70
Charlottenhöhle 138

Daimler, Gottlieb 66
Donaudurchbruch 113

Eberhard Ludwig 77
Ehingen (Donau) 128
Ellwangen 134
Eselsburger Tal 130
Essen und Trinken 42
Esslingen 8, 12, 82
- Altes Rathaus 84
- Burg 83
- Dominikanerkirche St. Paul 83
- Frauenkirche 83
- Hafenmarkt 84
- Hotels 86
- J. F.-Schreiber-Museum 83
- Maille 85
- Marktplatz 82
- Neckar Forum 86
- Salemer Pfleghof 83
- Speyrer Zehnthof 83
- Stadtkirche St. Dionys 82
- Wolfstor 85

Fahrräder 16, 22
Feste 39
Filstal 92
Flugsport 23
Freizeittickets 140

Geislingen an der Steige 91
Giengen an der Brenz 137
Göppingen 90
- Märklin-Erlebniswelt 90
- Schloss 90
- Stiftskirche 90

Grieshaber, HAP 37, 108

Hauff, Wilhelm 37, 101, 108, 109
Haupt- und Landgestüt Marbach 99
Hegel, Georg Wilhelm Friedrich 68
Heidenheim an der Brenz 130
Heinle, Erwin 35
Heuneburg 111
Hohenneuffen 96
Hohenzollernland 106
Hölderlin, Friedrich 38, 95, 101, 103
Hölzel, Adolf 37
Hotels 25

Jens, Walter 101

Kapfenburg 134
Karten 139
Kepler, Johannes 101
Kinder 17
Kirchheim unter Teck 94
Klettern 24
Klima 15
Klosterkirche Obermarchtal 129
Kloster Neresheim 136
Königsbronn 131
Kunst und Kultur 34

Lautertal 99
Leonhardt, Fritz 35
Limes 132
Limesmuseum 133
Literatur 37
Lorch 89
Ludwigsburg 8, 77
- Blühendes Barock 80
- Marktplatz 80
- Porzellanmanufaktur 78
- Residenzschloss 78
- Schloss Favorite 80

Märklin-Erlebniswelt 19
Mörike, Eduard 101
Münsingen 98

Natur 32
Nebelhöhle 109
Neuhausen ob Eck 114
Nürtingen 95

Öffentlichen Nahverkehr 16
Öffnungszeiten 140
Ortheil, Hanns-Joseph 38
Ostalb 130

Radwandern 22
Reisezeit 15
Reiten 22
Reutlingen 106
Riedlingen an der Donau 111
Ruine Teck 94

Schertelshöhle 93
Schickhardt, Heinrich 34
Schlemmer, Oskar 37
Schloss Lichtenstein 108
Schloss Mochental 129
Schubart, C. F. D. 37
Schwab, Gustav 37
Schwäbisch Gmünd 87
- Heilig-Kreuz-Münster 87
- Ott-Pausersche Fabrik 88

Shopping 47
Sigmaringen 112
Sobek, Werner 36
Sonnenbühl 109
Sontheim an der Brenz 138
Sport 20
Stadtführungen 20
Stadtmagazine 139
Staufer 87, 90
Steiffmuseum 137
Steiff Museum 19
Steinheim 131
Stuttgart 8, 12, 53, 54
- Altes Schauspielhaus 59
- Altes Schloss 54
- Alte Waisenhaus 57
- Aussichtspunkte 69
- Bad Cannstatt 64
- Bismarckturm 69
- Bohnenviertel 60
- Clubs 75
- Fernsehturm 70
- Grünes U 61
- Haus der Geschichte 56
- Haus der Wirtschaft 59
- Hegelhaus 68
- Hotels 73
- Institut für Auslandsbeziehungen 57
- Karlshöhe 60, 69
- Killesberg 62
- Königsbau 55
- Kulturzentren 74
- Kunstgebäude 55
- Kunstmuseum 55, 68
- Kurpark 66
- Kursaal 66
- Landesmuseum Württemberg 68
- Lapidarium 60
- Liederhalle 59
- Linden-Museum 68
- Markthalle 58
- Mercedes-Benz Museum 66, 72
- Mineralbäder 63
- Museum am Löwentor 63, 71
- Neues Schloss 54
- Planetarium 63
- Porsche-Museum 71
- Rathau 58
- Rosensteinpark 63
- Rotenberg 70
- Schlossgarten 56
- Schlossplatz 54
- Schloss Rosenstein 63, 71
- Schloss Solitude 70
- Staatsgalerie 56, 67
- Stiftskirche 58
- Stuttgart **21** 58
- Tagblattturm 59
- Weißenburgpark 69
- Weißenhofmuseum 62
- Weißenhofsiedlung 61, 71
- Wilhelma 64
- Wilhelma-Theater 64

Stuttgarter Weindorf 39

Thermal- und Mineralbäder 23
Thouret, Nikolaus Friedrich von 78
Thouret, Nikolaus von 35, 66
Tübingen 9, 12, 102
- Auto- und Spielzeugmuseum 105
- Bursa 103
- Eberhardsbrücke 102, 103
- Evangelisches Stift 103
- Hölderlinturm 103
- Holzmarkt 104
- Kunsthalle 105
- Marktplatz 104
- Rathaus 104
- Schloss Hohentübingen 103
- Stiftskirche St. Georg 104
- Unterstadt 104

Uhland, Ludwig 101
Ulm 10, 120
- Benediktinerabtei Ulm-Wiblingen 125
- Donaufront 123
- Fischer- und Gerberviertel 123
- Marktplatz 122
- Münster 121
- Museum der Brotkultur 125
- Neue Mitte 122
- Rathaus 122
- Schneider von Ulm 124
- Schwörhaus 124
- Stadthaus 121
- Ulmer Museum 123

Ulmer Schwörwoche 39
Ulrich von Württemberg 109
UNESCO-Geopark Schwäbische Alb 33
Unterkunft 25
Urweltmuseum Hauff 93

Veranstaltungen 39
Verkehrsämter 139

Wallfahrtskirche Schönenberg 134
Wandern 21
Weihnachtsmärkte 40
Wein 44
Wiesensteig 92
Wilhelm I. 64, 70
Wimsener Wasserhöhle 18, 110
Wintersport 24

Zwiefalten 110

Bildnachweis

Alamy/Werner Dieterich: 76; Alamy/Werner Otto: 91, 131; Bildagentur Huber/Alfeld: 92; Bildagentur Huber/F. Damm: 125; Bildagentur Huber/Mehlig: 115; Bildagentur Huber/R. Schmid: U2-Top12-4, U2-Top12-11, 14, 86, 97, 100, 134; Bildagentur Huber/Stadler: 26, 99, 132; Blühendes Barock Gartenschau Ludwigsburg GmbH: 17, 18; Blutsgeschwister: 48; Burggaststätte Hohen Neuffen GmbH: 9; Bürger- und Verkehrsverein Tübingen: 12; A. Dreyer/Linden-Museum Stuttgart: 71; Bernd Eidenmüller, Stuttgart: 74; Foto in.Stuttgart: 40; Generalverwaltung d. vorm. reg. Preußischen Königshauses, Berlin: U2-Top12-10, 117; R. Hauff, Umweltmuseum Hauff: U2-Top12-6; Kunstmuseum Stuttgart/Gonzales: U2-Top12-1, 8; Neue Messe Stuttgart: 31; Pixelio/Albrecht E. Arnold: U2-Top12-9, 113; Pixelio/Ingo Doering: 109; Pixelio/Melanie Möller: 1; Gemeinde Sonnenbühl: U2-Top12-8, 111; Stuttgart Marketing: U2-Top12-2, U2-Top12-3, 2-1, 2-2, 5, 6, 34, 35, 38, 39, 44, 46, 47, 55, 63, 72, 78; Stuttgarter Straßenbahnen AG: 20; Tourismus-Information Neresheim: U2-Top12-12, 11, 136; Wilhelma, Stuttgart: 19, 65; Felix Wolfer: 36, 59, 69, 95; Monika Zeller: U2-Top12-5, U2-7, 23, 24, 33, 50, 52, 60, 67, 73, 81, 83, 89, 105, 119, 121, 128, 140; Zooeybraun: 49.

www.polyglott.de

Polyglott im Internet: www.polyglott.de

Impressum

Wir freuen uns, dass Sie sich für einen Reiseführer aus dem Polyglott-Programm entschieden haben. Auch wenn alle Informationen aus zuverlässigen Quellen stammen und sorgfältig geprüft sind, lassen sich Fehler nie ganz ausschließen. Wir bitten um Verständnis, dass der Verlag dafür keine Haftung übernehmen kann. Ihre Hinweise und Anregungen sind uns wichtig und helfen uns, die Reiseführer ständig weiter zu verbessern. Bitte schreiben Sie uns:
Polyglott Verlag, Redaktion, Postfach 40 11 20, 80711 München, redaktion@polygott.de

Wir wünschen Ihnen eine gelungene Reise!

Herausgeber: Polyglott-Redaktion
Autoren: Monika Zeller, Gerd Dörr
Neukonzeption: Monika Zeller
Redaktion: B2 Text- und Redaktionsbüro Stuttgart / Gabriele Gaßmann
Bildredaktion: Ulrich Reißer und B2 Text- und Redaktionsbüro Stuttgart / Nena Dietz
Layout: Ute Weber, Geretsried
Titeldesign-Konzept: Studio Schübel Werbeagentur GmbH, München
Karten und Pläne: Huber Kartographie, A. Buchhaupt (S. 38), J. Fischer (S. 62)
Kartografische Bearbeitung: Jochen Fischer
Satz: B2 Text- und Redaktionsbüro Stuttgart / Nena Dietz
Druck: Himmer AG, Augsburg
Bindung: »Butterfly«-Bindeverfahren zum Patent angemeldet durch
Kolibri Industrielle Buchbinderei GmbH 2008

Printed in Germany
Dieses Buch wurde auf chlorfrei gebleichtem Papier gedruckt.
ISBN 978-3-493-55608-7

Langenscheidt Mini-Dolmetscher Schwäbisch

Allgemeines

Guten Morgen!	Guada Morga!
Guten Tag!	Grißgodd!
Guten Abend!	Guada-n-Ôbed!
Gute Nacht!	Guad Naachd!
Auf Wiedersehen!	Ade!
Wann ist (sind) ... geöffnet?	Wenn hôdd (hẽnd) ... offa?
Wann wird (werden) ... geschlossen?	Wenn machd (mached) ... zua?
Wie komme ich nach (zum, zur) ...?	Wia kommd-mr nôch (zõmm, zurr) ...?
Wie lange wird das dauern?	Wia lang daured deeß?
Wann findet ... statt?	Wenn isch ...?
Wo bekomme ich ...?	Wo griagd-mr ...?
Geben Sie mir bitte ...!	Gäbbat-Se mr bidde ...!
Haben Sie auch ...?	Hẽnt-Se au ...?
Ich brauche ...	I breichd ...
Ich möchte ...	I mechd ..., i hedd gärn ...
Ich würde gern ...	I dääd gärn ...
Am liebsten würde ich ...	Am gärnschda dääd i ...
nicht	nedd, *(breit)* edd, *(auch)* edda
nichts	nix, nex
bitte!	bidde!, biddschẽẽ!
Danke!	Dängge!, Dängschẽẽ!
Keine Ursache.	Schõ rächd!
Verzeihung!	Tschuldichõng!, Hobbla!
Das freut mich sehr!	Deß fraid mi aber saumäßich!
Das tut mir leid!	Desch-mr aber arrg!
Ich verstehe Sie nicht!	I vrschdänd Se nedd!
Wie bitte?	Wá-isch?, Hãã?
Sprechen Sie doch bitte etwas langsamer!	Schwätzet-Se doch edd so schnell!
Wie spricht man dieses Wort aus?	Wia sechd-mr deeß?
Wie viel Uhr ist es?	Wi schbäd hẽmmer'ß?
ja	ja, *(zögernd oder einschränkend)* jô
Ja nicht!	jô nedd!
nein	noi, *(städtisch oft)* nai

Besichtigung

Was für Sehenswürdigkeiten gibt es hier?	Wa geit's dô Endressãnds zom Ãhgugga?
Wir möchten gern das Schloss besichtigen!	Mir wellad's Schloß gärn säh, von ẽnna!
Muss man da Eintritt bezahlen?	Muaß-mr dô ãn Aidridd zahla?
Und was kostet das?	Õnd wa koschd deeß nôh?
Tja, wollen wir uns das leisten?	Hanó, wellad mr soviel ausgäh?
Ist da auch immer eine Führung dabei?	Ischd dô au ẽmmer a Fiehrõng?

Einkaufen

Wo kann ich ... kaufen?	Wo griagd-mr dô ...?
Ich hätte gerne diesen Artikel hier!	Deß dô, biddschẽẽ!
Zeigen Sie mir bitte etwas anderes!	Zaiget-Se mr äbbes ãnderschts!
Die Farbe gefällt mir nicht!	D'Farb gfelld mr nedd!
Das Muster ist mir zu auffällig (zu bunt)!	Deß Muschder isch-mr z'schägged!
Es soll hierzu passen!	Sodd hald dôdrzua bassa!
Ich möchte das Kleid anprobieren!	I mechd amôi naischlubfa!
Wie viel kostet das?	Wa koschd deß?
Das ist mir zu teuer!	Desch mr z'deier!
Das nehme ich!	Deß nẽmm-i!
Haben Sie's nicht kleiner?	Hẽnt-Se'ß nedd gloiner?

Notfälle

Wo ist die nächste Apotheke?	Wo isch d'näggschd Abodeeg?
Wann hat die Ärztin Sprechstunde?	Wenn hôt d'Doggdere Schbrächschdõnd?